カウンセラーがキーワードで解説

心が軽くなる人づきあいのヒント

菅野 恵 著

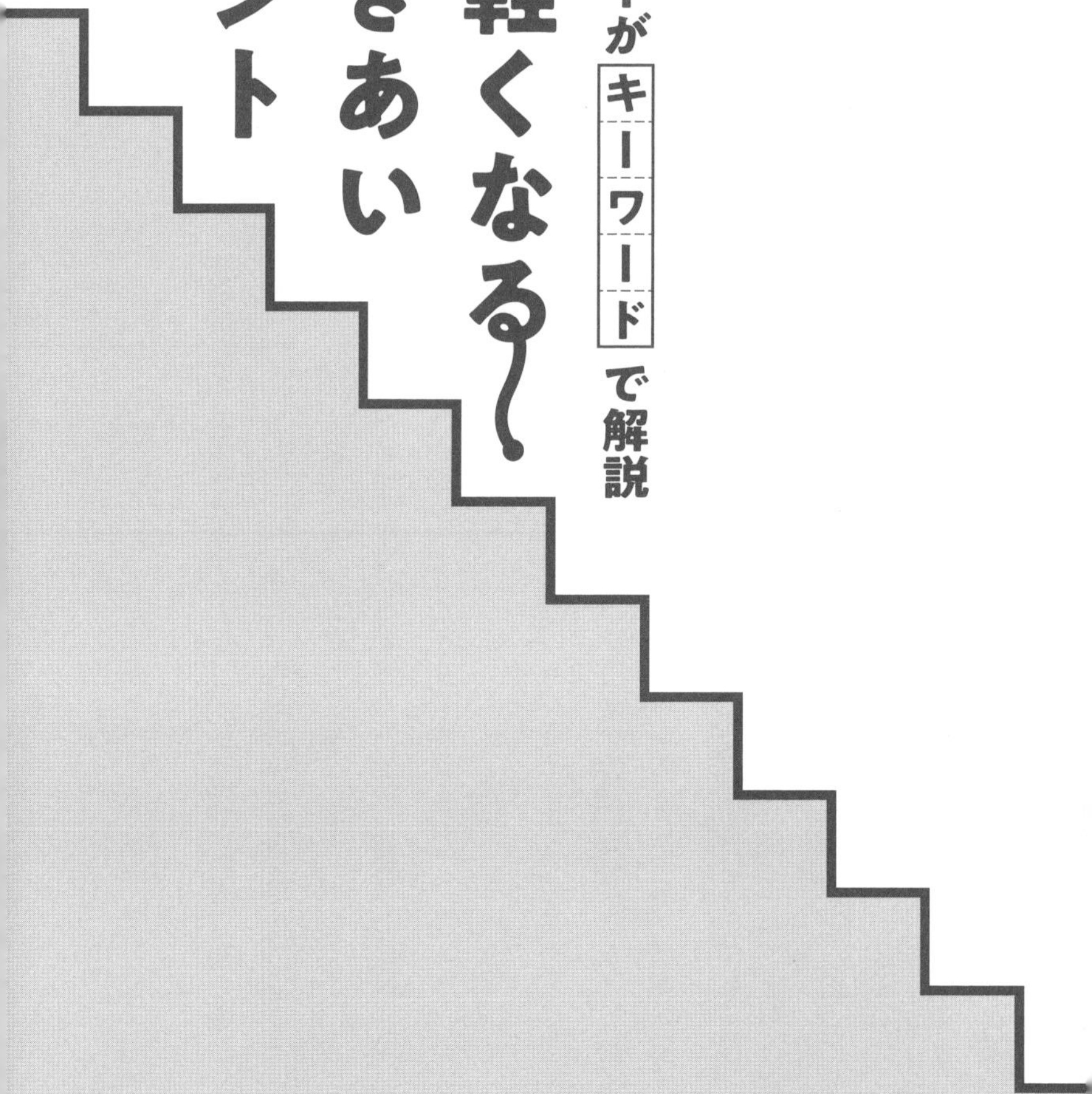

大修館書店

まえがき

和光大学に着任してから共通教養科目を担当することになり、当初は「対人支援・援助の心理学」という科目名で授業をおこなっていた。しかし、共通教養科目担当の教員から（理由はよく覚えていないが）「科目名に『心理学』を使わない名称に変更してほしい」と言われてしまい、困っていたところ、たまたま廊下を通りかかった文化人類学の教員が話に加わり、三者でああだこうだと話しているうちに「人づきあいのスキル」に落ち着いたのだった。

私は児童心理学（学校・児童福祉領域）が専門である。「人づきあいのスキル」となることで、自分の専門性が発揮できないのではないかという不安と、かなり幅広いテーマを扱うことになるため内容がアンバランスになるのではという懸《け》念《ねん》を抱きながら、授業内容の見直しをしていた。しかし、「人づきあいのスキル」に名称変更したことで、嬉《うれ》しい誤算があった。ときどき高校に出向き、高校生へ模擬授業をしてくるのだが、「人づきあいのスキル」で扱うテーマの反響がよかったのである。

授業の内容に関心をもっていただいた大修館書店の中村あゆみ氏から出版化の話をいただき、よりわかりやすく「人づきあいのヒント」としてまとめることにして、以下のことを心がけながら執筆した。専門書ではなく、身近な知人が読みやすい文体で、誰もが日常生活に活かせるような内容にすることを意識し、人づきあいにおけるテーマをキーワードから読み解くような構成にして関心を高めてもらう工夫をする、といったことだ。読者は気になったテーマ＝キーワードのどこからでも読めるようになっているはずだ。また、〝Ｉ《アイ》メッセージ〟でインパクトを与えながら事例を交えた授業を重視してきたことを活かし、〝Ｉメッセージ的コラム〟というコラムを設けた。内容は、授業の合間に挟み込む息抜き的な雑談をイメージしている。さらに付録として、人づきあいにおける困りごとから逆引きできるように、「こんな時どうしたらいい？ 困りごとから探すヒント」を掲載し、気軽にページをめくってもらえるようにした。なお、本書で紹介する事例やコラムは、一部フィクション化していることを断っておきたい。

　本書は、通勤・通学の車内や、ちょっとした合間に手にとってもらえるサイズ感にしている。ぜひ日常生活に活用していただき、「人づきあいのヒント」をつかんでいただければ本望である。

著者

もくじ

II

III

家族関係や人づきあいで生じるリスクを乗り越える……065

付録

心のメカニズムを知っていますか

hint I

防衛機制

【ぼうえいきせい】

無意識に心を守るメカニズム

防衛機制とは、受け入れたくない状況に直面した時に、不安を軽減するために**無意識的に心を守ろうとするメカニズム**のことです。精神分析学の創始者であるジークムント・フロイトによって提唱され、アンナ・フロイトやメラニー・クラインが発展させました。ここでは代表的な防衛機制を紹介します。

退行 今よりも以前の発達段階に戻ることを指します。子どもが赤ちゃん返りをしたり、大人であっても子どものようにわがままを言ったりするなどです。

取り入れ 相手を模《も》倣《ほう》して自分のものにすることです。好きな人の行動を断片的にマネして他者の価値観を自分に取り入れようとします。「**同一化（同一視）**」になると、多くのことを取り入れるため、自分が他人のようになった気になります。芸能人のファッションや口調をマネするなどがあります。

抑圧 苦痛な感情を抑えることです。受け入れたくない感情を意識から無意識の世界に追いやりますので、結果的にストレスを溜《た》め込むことになります。

否認 事実はわかっているが受け入れようとしないことです。病気であることを告知されて事実を認めない、身近な人の死を受け入れられない、などが該当します。

反動形成 思っている感情と正反対の行動をとることです。好きな人に嫌がることをする、嫌いな人に愛嬌《あいきょう》をふりまく、知らないのに知ったかぶりをする、などが一例です。

ほかには、もっともらしい理由をつけて言い訳をするなどして強引に納得するような**合理化**、知識を用いて対処し自分の感情を他人事のように語る**知性化**、反社会的な感情や攻撃性を社会に認められる形で表現する**昇華**《しょうか》があります。

退行	今よりも以前の発達段階に戻る。	**反動形成**	思っている感情と正反対の行動をとる。
取り入れ	相手を模倣して自分のものにする。	**合理化**	もっともらしい理由をつけて強引に納得する。
抑圧	苦痛な感情を抑える。	**知性化**	知識を用いて理解しようとする。
否認	事実はわかっているが受け入れようとしない。	**昇華**	反社会的な感情などを社会に認められる形で表現する。

CASE

大学受験をめぐる防衛機制

A君は、目指していた大学は合格間違いなしと塾で言われていたものの、結局不合格になってしまい、しばらく「何かの間違いだ」と現実を受け入れることができなかった（否認）。浪人して予備校に通い出したもののイライラすることが増え、自習室では勉強がはかどらず、「集中できないのは通学時間帯のラッシュで疲れてしまうからだ」と自分に言い聞かせていた（合理化）。ある日、イライラが募《つの》り、親に「もう大学なんて行きたくない」と言ってしまい（反動形成）、泣き崩れて駄々《だだ》をこねている子どものような態度をとってしまった（退行）。このままではまずいと感じた彼は、イライラした時は30分ジョギングしてストレスを発散することにした（昇華）。

POINT

防衛機制をうまく使おう

●防衛機制の４段階

防衛機制は、ジョージ・E・ヴァイラントによって「病理的な防衛」「未熟な防衛」「神経症的な防衛」「成熟した防衛」の４段階に分類されています。成熟した防衛は、おおむね12歳以降で用いられるとされていますが、**合理化**、**知性化**、**昇華**が含まれ、社会に適応するためには必要不可欠です。特に知性化は、多くの知識を学んでいないと豊かな発想ができませんので、色々な視点で日頃から物事《ものごと》を考えられるようになっておくとよさそうです。例えば「結婚できないのは晩婚化の世の中の影響であると自分を納得させる」といった知性化は、日本の晩婚化の問題についての知識があったからこそ考えられることなのです。

●抑圧されやすい現代社会

「〜すべき」といった**規範意識**や多数派の意見に合わせてしまう**同調圧力**など、自由に意見や考えが言いにくい環境下になるとどうしても感情を抑圧してしまい、ストレスをためてしまいがちです。できるだけ苦痛な感情は**リリースする（解き放つ）**ようにして、意識的に吐き出せるようにしましょう。聴いてくれる相手がいなければ、苦痛の感情を文字に起こしてみると、思考がアウトプットされて客観視できるようになり、少しはすっきりします。

●昇華の方法

暴行やネットでの誹謗中傷《ひぼうちゅうしょう》は、ストレスを不適切に発散しているといえます。また、発散するつもりでコメントを書き込んだら「炎上」してしまうなど、さらにストレスをためることにつながる場合もあります。蹴《け》ったり殴《なぐ》ったりといった衝動に駆《か》られる人は、ルールに則《のっと》ってキックボクシングをすればよいわけです。大声を出したい人は、カラオケボックスで叫べばよいのです。自分にフィットした昇華の方法を探せられるかが鍵《かぎ》となります。

hint I

ストレス軽減にチャレンジ！

ストレスのしくみ

ストレスという言葉は日常的に身近に使われていますが、心理学者のリチャード・ラザルスが提唱したストレス理論では「**ストレッサー**」（ストレスの原因となる不快な刺激↓18ページ）、「**ストレス反応**」（ストレスによって引き出される反応）、「**コーピング**」（適切な対処↓128ページ）の3つで説明しています。どういった原因でストレスが生じていて、そのことでどのような反応が起こっているのか、またストレスにどの程度対処できているのか、といったストレスのメカニズムを分析していきます。

生理学者のハンス・セリエは、ストレスを「外部環境からの刺激によって起こる歪《ゆが》みに対する非特異的反応」と定義しています。物理的な外的刺激に着目したセリエに対して、ストレッサーの認知的評価を重視したのがラザルスです。

認知的評価には、一次的評価と二次的評価があります。一次的評価は、ある出来事が脅《きょう》威《い》かどうかを判断することで、二次的評価はその状況を脱するためにどうすべきかを検討して対処の準備をする段階になります。つまり、一次的評価で脅威であると判断したとしても、二次的評価で対処できそうだと見通しをつけられれば、ストレス反応の生じ方が変わってくるのです。このように、ストレスになるような出来事に対する認知的評価ができるかどうかで、ストレスの意味合いが変わってくるのです。

ストレッサー	ストレスの原因のこと。
ストレス反応	ストレスによって引き出される反応のこと。
コーピング	適切な対処をしてストレスをコントロールすること。

CASE

リモートワークのストレス

Bさんは自宅でリモートワークする日が定期的にあり、通勤のストレスがなくなったと思っていたが、自分の部屋でPC作業をしていると漠然《ばくぜん》とストレスを感じるようになった。ただ、そのストレスが何であるのかがよくわからず、仕事もはかどらなくなり、徐々に活力が湧《わ》かなくなっていった。そこで、大学生の頃に学んだ心理学のテキストを読み返し、ストレスのしくみを確認することにした。するとストレッサーは仕事中に聴こえる家族の生活音（テレビの音や雑談の声）であることがわかり、この生活音で気が逸《そ》れてしまい仕事に集中できなくなってイライラしていることに気づいた（ストレス反応）。そこで、生活音が聴こえないようにヘッドホンでBGMを聴きながら仕事をする対処を思いつき、ヘッドホンを購入して仕事がはかどりそうなBGMを探して準備を行い（二次的評価）、試したところ、気を逸らすことなく仕事に専念できるようになった（コーピング）。

POINT

ストレス軽減は「3つ」がポイント

● **対処できそうなストレッサーからとりかかる**

ストレッサーには、**物理的ストレッサー**（騒音や不快な気温など）、**人間関係ストレッ**

サー（職場や友人関係など）、**社会的ストレッサー**（進学、就職、転居、SNS・ネット社会の影響など）、**身体的ストレッサー**（怪我、疲労など）、**心理的ストレッサー**（身近な人の死、失恋、挫折《ざせつ》など）などいくつかあります。特に、人間関係では相手に合わせたり上下関係に気を遣《つか》わなければならなかったりして、自分の感情を抑制するような場面がどうしても増えてきます。すべてのストレッサーを排除することはできないため、「このストレッサーであれば対処できそうかも」といった気持ちでコーピングを模索してみましょう。

●自分に表れやすいストレス反応を知る

ストレス反応は、主に**心理**（怒り、イライラ、悲観など）、**身体**（ストレス性の頭痛や腹痛、不眠など）、**行動**（暴飲暴食、衝動的行動など）の3種類に分類されます。自分に表れやすいストレス反応をまずは知ることです。

●コーピングを3つ準備する

ストレッサーがわかっても急に対処法を探すのは難しいかもしれません。そこで、「こういった場面になったらこの対処法を試そう」と事前に備えておくとよいです。しかもある対処がうまくいかなかったことも想定し、場面に応じて**コーピング**を3つ以上準備しておくことをお勧めします。

hint 1

ストレスの原因を探る！

ストレッサー

ストレスは、前出の「ストレッサー」「ストレス反応」「コーピング」で説明できることに触れましたが、ここではストレッサーに着目していきます。ストレッサーは、ストレスの原因となる不快な刺激のことで、ストレッサーは主に次の種類に分類されます。

物理的ストレッサー 騒音、不快な気温など。

人間関係ストレッサー 職場・友人関係など。

心理的ストレッサー 身近な人の死、失恋、挫折など。

化学的ストレッサー 公害、喫煙など。

社会的ストレッサー 進学、就職、転居、SNS・ネット社会の影響など。

これらのストレッサーが、重なったり中・長期化したりすることで、ストレス反応として心身の悪化からメンタルヘルスの不調に陥《おちい》ることもあります。

CASE 複数のストレスが重なる

Cさんは、同期入社の同僚が成績優秀で社長から表彰を受けたことで、上司から「あなたもがんばらないとね」と言われた。励《はげ》ましてくれているのはわかっていたが、自分のがんばりを少しも認めてくれていないような気がしたことで怒りが込み上げてきた（人間関係ストレッサー）。また、愛煙家である上司の服から漂《ただよ》うタバコのにおいが気になるようになり、不快な気分を募《つの》らせていった（化学的ストレッサー）。さらに、上司のちょっとした言葉をネガティブに受け取るようになり、嫌悪感が態度に出てしまっているのか上司との関係がぎくしゃくしだした。プライベートでは、恋人といる時でも仕事のことが頭から離れず、恋人の話をいい加減に聴いてしまうようになって喧嘩《けんか》が絶えず、ふられてしまった（心理的ストレッサー）。ネットのサイトで自分の悩みを

書き込んだところ、否定されるようなコメントばかりが投稿され、人間不信に陥《おちい》ってしまった（社会的ストレッサー）。

POINT

ストレスの原因を探ってみる

●雇用形態でストレッサーに違いがある

厚生労働省が公表している調査（「労働安全衛生調査」）では、人間関係をストレッサーとしている人が25％前後で推移していますので、4分の1の人たちは人間関係で悩んでいることがわかります。詳細をみていくと、パートタイム労働者では35％前後と若干《じゃっかん》高めになっていて、派遣《はけん》労働者になると人間関係よりも雇用《こよう》の不安定さが強いストレッサーになっていることがわかります。このように、雇用形態や働く環境でストレッサーが変わっていくわけです。

●わかりにくい心理的ストレッサー

不快な刺激が物や人であればストレッサーを特定しやすいのですが、心理的ストレッサーだと本人が自覚しにくく、周りの人も気づきにくいことからわかりにくいストレッサーとされます。特に身近な人の死や失恋になると強い**喪失体験**になるわけですが、思い出してしまうとつらくなりますし、誰にでも話せる内容ではないので感情を抑制しがちです。まずは心理的ストレッサーを自覚して信頼できる人に少しでも聴いてもらうことが、メンタルヘルスの悪化を防ぐことになります。

●ネットやSNSによるストレッサー

ネットで気になるのは、「いいね！」や視聴者からのコメントなど常に評価がつきまとっていることです。気分転換にネットを閲覧しても、誹謗中傷《ひぼうちゅうしょう》など不快なコメントを目にしてイライラすることもあります。また、調べものをしても情報量の多さから何が正しい情報なのかわからなくなり、かえって混乱することもあります。

「**SNS疲れ**」という言葉も目にするようになりました。SNSのコミュニケーションでは、頻繁に鳴る着信音に神経をとがらせてリフレッシュできないこともあるでしょうし、つながりたくない人とつながってしまうこともあります。SNSは短い言葉でのやりとりが多いので微妙なニュアンスが伝わらず、誤解を招いてトラブルになりやすいのです（↓106ページ）。あわせて眼球疲労も起こりやすいことも念頭において、ネットやSNSの使用を適度に制限するといった限界設定（↓136ページ）が有効に働きます。

hint I

正常な判断ができない時

心理的視野狭窄

【しんりてきしやきょうさく】

心理的に追い詰められると思考が鈍《にぶ》り、ゆとりのある時には豊かな発想ができるはずなのに、様々な解決策があるにもかかわらずあまり望ましくない解決策を選択してしまうことがあります。**心理的視野狭窄**とは、ストレスによって心の視野が狭くなってしまい、実際に見える範囲が狭くなってしまうことをいいます。このような思考の偏《かたよ》りによって物事を多角的にとらえることができず精神的に追いつめられてしまい、解決のための選択肢も限られてしまいがちです。

借金苦、家族の不仲、病気など、すぐに解決が難しい深刻なケースであれば、現状から逃《のが》れたい、苦痛から解放されたいという感情から自殺の手段しか思い浮かばなくなるかもしれません。また、精神疾患によって思考力が低下することから心理的視野狭窄になっている可能性もあります。

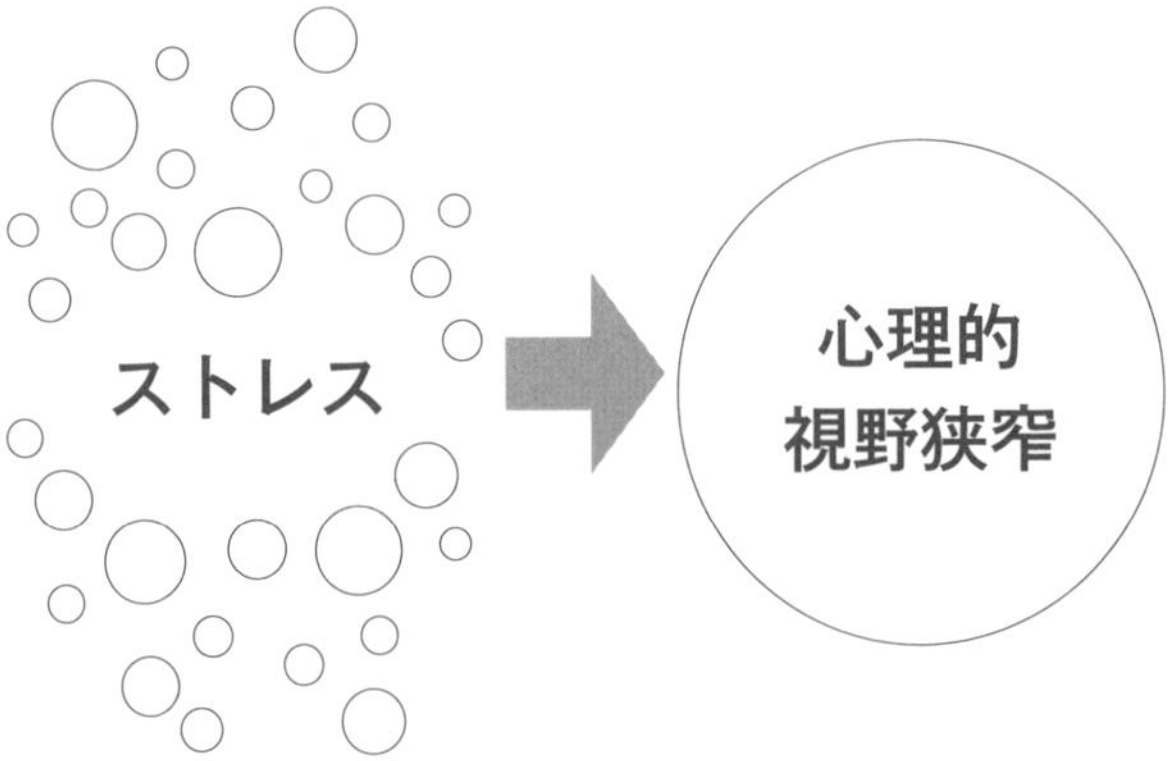

心理的視野狭窄に陥《おちい》ると、追い詰められて冷静でいられなくなり、周囲のことを気にする余裕がありません。そのため、周囲が手を差し伸べたとしても、相手に感謝するどころか、拒否して感じの悪い対応をとってしまうかもしれません。

まずは、深刻なストレスや多重ストレスでしんどくなっている人が、心理的視野狭窄に陥っていないか、自殺のリスクを高めていないか、周囲で気にかける必要があります。もし、ストレスに対する具体的な対処法（コーピング ↓128ページ）をみつけられていないようであれば、本人ができそうな対処法を寄り添いながら一緒に考える存在になれるとよいです。

CASE

親の価値観の影響を受けて視野が狭くなった

高校教師の両親をもつ高校生のD君は、物心ついた頃から両親の学校の生徒の話題ばかり聴いて育ってきた。また、祖父母も教師のため、「Dも親と一緒の大学に入って立派な教師になるんだよ」と言われ、強い期待を背負ってきた。日常会話では、「あの生徒は○○だからダメだ」「○○はこういうところがいい」といったエピソードを聴くと、「自分はダメと言われないようにしなければ」「こういう行動をとると両親にも認められる」といった発想になり、D君は学校で両親が望む理想的な生徒を演じるようになった。しかし、学業の成績が伸び悩み、両親の出身大学を受験しても成績が届かないことが模試でわかると悲観的になり、「もうダメだ」「親からも祖父母からも認められない」「生きる価値がない」といったように、視野が狭いままネガティブ思考から抜け出せなくなってしまった。

POINT

リセットしてセルフケアしよう

● 多様な価値観を取り入れる

家庭という閉鎖的な環境では、親やパートナーの価値観を受けやすい立場にあります。学校や職場で様々な人とかかわることがまずは重要です。それでも同じような価値観の人と一緒にいると、どうしても考えが偏《かたよ》ってしまいがちです。そこで、例えば同世代ではなく年配の人や自分になじみのない仕事をしている人の意見を聴くと、「こういう考え方もあるんだ」「これまで考えてこなかった発想だ」…といった新たな発見があるかもしれません。多様な価値観を取り入れようとする姿勢は、心理的視野狭窄に陥《おちい》らないための工夫の一つになります。

●作業を取り入れてリセットする

心理的視野狭窄になると、同じようなネガティブな思考が繰り返し浮かんできて、どうしてもうつ状態になりがちです。そこで、ネガティブ思考を断ち切るために、作業的なことを意識的に行うとよいです。例えば、ネガティブ思考に気づいたら、パズル系のゲームや家庭菜園、草むしりなどの作業を意識的に取り入れることで心をリセットします。すると、ネガティブに考えていた一つのとらわれから脱することができるかもしれません。

●セルフケアの質を豊かにする

先に述べた多様な価値観を取り入れることや作業的な行動をとるだけでなく、質の高いセルフケアを充実させていけるとよいです。具体例として、近所で散歩やジョギングするのもリフレッシュになりますが、少し遠出してふだん見ることのない海や山などの大自然に身をおくと、小さなことにこだわっていた自分が気にならなくなることもあります。

hint I

トラウマ

目に見えない心の傷を察する

トラウマとは、**心の傷つき**のことを指します。体の傷つきは目で見えるため周囲に気づかれやすいですが、心の傷つきの場合、発見が遅れることもあり、適切な心のケアもされにくいのが現状です。

トラウマには、**単発性トラウマ**と**複雑性トラウマ**があります。単発性トラウマは、災害や事故、事件などの一回だけの外傷体験のことです。一方、複雑性トラウマは、虐待《ぎゃくたい》やDV（ドメスティック・バイオレンス↓74ページ）など日常的に繰り返されるような外傷体験を指します。

単発性トラウマ

災害や事故など１回だけの外傷体験

複雑性トラウマ

虐待など日常的に繰り返す外傷体験

CASE

親から繰り返された暴言や無視

E君は、幼少期から母親の機嫌が悪いと「早くやれ」「そんなこともできないの？産まれてこなければよかったね」など罵倒《ばとう》されることが日常的だった。働いている母親はいつも疲弊《ひへい》しているので、機嫌を損《そこ》ねないように常に顔色をうかがい、小学生になると率先《そっせん》して家事の手伝いをするようになった。それでも母親のストレスがたまるとイライラのはけ口はE君に向かい、家事でミスをすると「なにやってんだ？この役立たずが」「死ぬしかないな」と責められてきた。中学生になると放っておかれることが増え、困っていることがあっても「勝手にやって」と取り合ってくれず、無視されることが増えていった。E君はあまり笑わず、人とつながることにも疲れてしまい、孤立するようになった。気がつくと「自分の存在を消し去りたい」という思考が頭から離れなくなっていた。

POINT

目に見えない心の傷を察するために

● 深刻なトラウマの傷

特に複雑性トラウマを抱える人にとって、親などから長年にわたって日常的に受けてきた被《ひ》虐待《ぎゃくたい》を含めた不適切な養育は、解決することの難しい根深い悩みとなります。親との絆《きずな》が築けないまま成長するので、人とつながることに恐怖を抱《いだ》き、人づきあいを回避したり攻撃的になって相手を警戒してしまったりすることもしばしばです。

●トラウマを抱えたらどうすればよいか？

単発性トラウマよりも複雑性トラウマのほうが深刻だとは言い切れません。悩みの重さは体重のように測れないのです。何らかのトラウマを抱えて苦しいと感じたタイミングで、高校生までであれば**スクールカウンセラー**、大学・専門学校生であれば**学生相談室**のカウンセラーに相談してみてください。一般であれば、メンタルヘルスの**相談窓口**や公認心理師・臨床心理士のいる**臨床心理センター／カウンセリングルーム**などの利用をお勧めします。複雑性トラウマからＰＴＳＤとして症状化することもありますので、日常生活に支障が出てきたら精神科や心療内科の助けを求めてください。

●他者がトラウマを抱えているかもしれないと疑う

声をかけてあげても逃げたりにらみつけたりするような人は、感じが悪いと不快になりがちですが、トラウマを抱《かか》えているかもしれないという気持ちで接するとラクになります。対人支援の現場では、**トラウマインフォームドケア**（**ＴＩＣ**）という言葉が注目されています。「この人にはトラウマがあるかもしれないという観点で接する」といった支援のあり方のことです。対人関係のトラブルの元をたどると、トラウマが影響していることもあります。回避や攻撃もその人なりの対処法と考えてみてください。

hint 1

モチベーションの低下につながる
学習性無力感
【がくしゅうせいむりょくかん】

学習性無力感（Learned Helplessness）は、ストレスの回避を試《こころ》みても逃《のが》れられないとわかると、「何をやっても無駄」とあきらめて逃げる努力をしなくなる現象のことを指します。アメリカの心理学者マーティン・セリグマンが、イヌなどの動物に電気ショックを与える実験を繰り返す中で提唱した概念です。動物たちは、逃げられない状況であることがわかると、電気ショックを与えられても抵抗しなくなってしまいました。逃げようとしても結果が変わらないことを学習することで、行動を起こさなくなってしまうのです。

人間でも、苦痛やストレスにさらされ続けていて、助けを求めても助けてもらえないことがわかると、解決することをあきらめてしまうことがあります。一例をあげると、いじめを受けていて「やめてよ」と抵抗してもいじめ行為が止《や》まないため抵抗しなくなる、授業中に発言を求められて「わかりません」と答えると「ちゃんと話を聴いていなさい」と

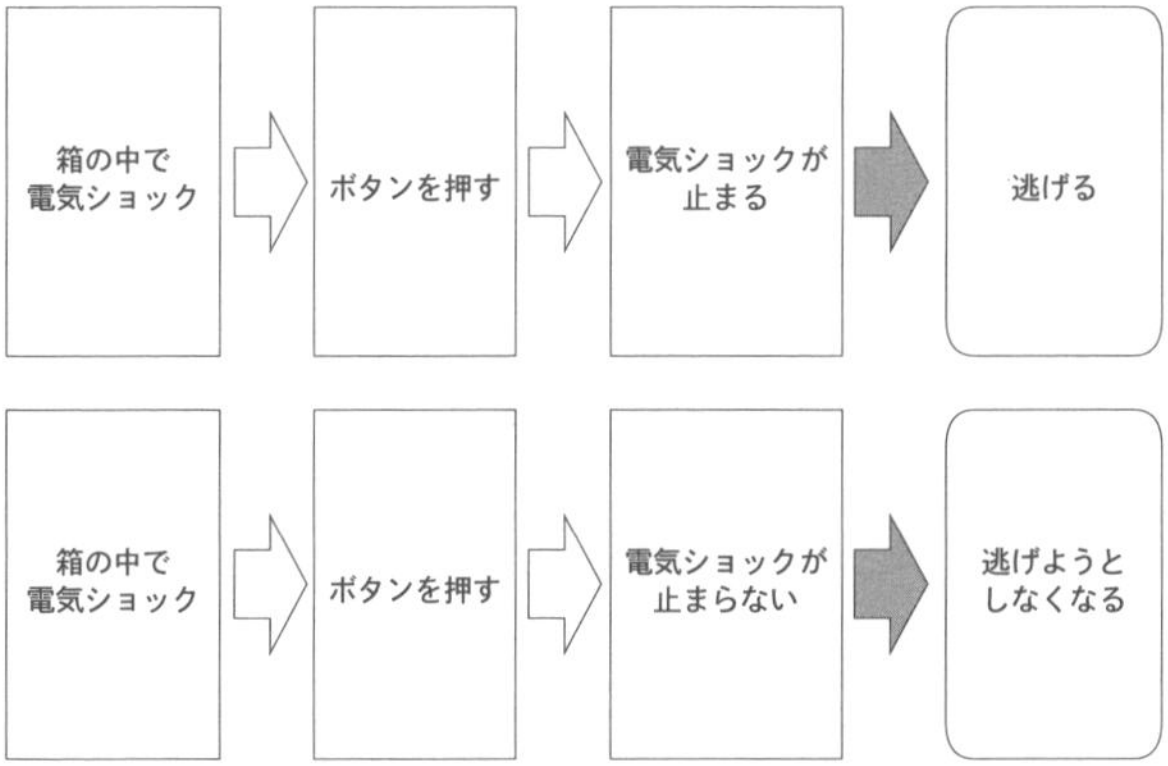

一方的に怒られてやる気をなくす、同僚《どうりょう》から**ハラスメント**（↓86ページ）を受けていると上司に相談しても「気にしすぎじゃないの?」と真剣に取り合ってくれずあきらめてしまう、などです。

〝やる気のない無気力な人〟の中には、学習性無力感の心理状態になっている人がいるかもしれません。人としての成長をあきらめてしまい、あらゆることに対してモチベーションを低めている可能性があります。成功体験を積み重ねることと、「もしかしたら学習性無力感に陥《おちい》っているのでは?」といった周囲のあたたかい眼差しが救いになるかもしれません。

CASE モチベーションが低下してしまった会社員

入社3年目のFさんは、同期入社のGさんと比較されることが何かと多く、上司からは「オマエはいつも作業が遅いな。だからGと差をつけられるんだ」とののしられてきた。はじめはGさんをよきライバルだと思い、スキルアップのために上司から助言をもらおうとしたが、「オマエはどうしようもないなあ。仕事はオレの背中を見て覚えるんだよ」とあしらわれてしまった。できてあたりまえという職場の雰囲気があるため、自分なりの努力がまったく認められず、徐々に仕事に対する情熱が下がっていった。また、残業が増えることで睡眠時間が削《けず》られてしまい、仕事中に眠くなり仕事の効率も悪くなった。ある日、仕事中にうとうとしていたところを上司に見つかり、延々《えんえん》と説教されてしまった。「無駄に残業しやがって。オマエみたいなのを給料泥棒っていうんだよ」と怒鳴《どな》られ、完全に心が折れた。転職も考えて同期のGさんに相談すると「今のキミのままだとどんな仕事をしても変わらないと思うよ」と言われ、それ以来他人に相談することをあきらめ、ひたすら今の仕事を耐えることにした。

POINT

怠けやさぼりではない

●学校現場にみられる学習性無力感の子どもたち

学校現場には、授業中なのに教科書を開かず机にうつぶせて寝ている子どもたちが必ずいます。熱心に指導しても無気力、無表情、無反応であると、指導者側に手ごたえが感じられにくいことから、指導をあきらめてしまうこともあります。手を差し伸べなければならないはずの子どもたちを、スルーするといった悪循環が起きやすくなります。

●セルフネグレクトを引き起こすことも

学習性無力感の積み重ねによって、生きることに意義を見いだせなくなったり生きる意欲をなくしたりすると、自分自身をケアしなくなるような「**セルフネグレクト**」の状態になることがあります。実際困っていても医療や福祉サービスを拒否し、心身の不健康を引き起こすような方向に自らを誘導してしまいます。ほかには居住スペースにゴミを放置することや、風呂に入らないなどの不衛生が問題になるケースもあります。

●学習性無力感から回復するために

学習性無力感の背景には、助けてもらえない、努力しても報《むく》われないなどの失敗体験の積み重ねがあります。過去の体験は消せませんので、失敗体験を強みに代えるといった発想が大切になります。小さな成功体験や乗り越える体験を積み重ねていくことに加え、肯《こう》定的《ていてき》なフィードバックをしてくれる他者の存在は、心の回復のきっかけになります。

カンノ先生の「I《アイ》」メッセージ的コラム ❶

　心的防衛を理解するためには、防衛機制（↓10ページ）の考え方が役立ちます。防衛機制は、オーストリアの精神科医であるS・フロイトによって提唱された無意識に心を守ろうとする防衛メカニズムのことです。

　フロイトというと、私が学部生だった頃、同級生の家に遊びに行った時に居合わせた同じ大学の経済学部生のことを思い出します。長身でもじゃもじゃの髪型で、他人の家なのになぜか自分の家にいるように下着姿でうろうろしていました。

　それだけでもインパクトが強かったのですが、経済学を学んでいる彼は、私が心理学を専攻していることを知るとフロイトのことを熱く語り始めました。今から思えば教科書的なことをよく勉強している人だったわけです。エディプスコンプレックスの説明から発展して古澤平作《こさわへいさく》が提唱した阿闍世《あじゃせ》コンプレックスにまで話が及び、防衛機制のこともよく知っていました。

　私は当時、どちらかというと基礎心理学や発達心理学をメインに学んでいて精神分析学を学ぶ機会はほとんどなかったので、知らない知識ばかりで圧倒されたのと、これだけフロイトのことを熱く語れる彼をうらやましく思ったのでした。

II

様々な心の不調を理解する

知っておきたい心の病

精神疾患
【せいしんしっかん】

精神疾患とは、心身に様々な影響を及ぼす**心の病全般**を指します。日本では、精神疾患を有する患者数が、外来患者・入院患者共に過去最多となっています。現在、公式には精神疾患の分類として用いられていませんが、精神医学では精神的な負担によって起こる「心因性」、身体疾患が原因で起こる「外因性」、脳の器質的な問題で起こる「内因性」の3つに分けて考えられてきました。

心因性 メンタルヘルスを脅《おびや》かす環境によって強いストレスから生じます。例：パニック障害、睡眠障害、ストレス障害、など。

外因性 事故や病気を原因とする脳腫瘍《のうしゅよう》や脳血管障害によって引き起こされます。例：高次脳機能障害。

内因性 遺伝や脳機能の何らかの病的変化によって起きるタイプです。例：統合失調症、うつ病、など。

思春期になると、心身の成長のギャップや環境の変化、友人・家族関係の葛藤《かっとう》、将来の悩みを抱《かか》えやすく、ストレス障害やうつ病、統合失調症などを発症することもあり、症状が長期化することで不登校やひきこもり（↓114ページ）につながることもあります。なお、心因性や外因性が原因であっても、**二次障害**としてうつ病を併発することもありますし、外因性や内因性であっても睡眠障害（↓60ページ）を抱えることもあるため、どうしても服薬の種類が増えてしまい、副作用に苦慮することもあります。

統合失調症	パーソナリティ障害	うつ病
依存症	認知症	てんかん
パニック障害	睡眠障害	摂食障害
ストレス障害	発達障害	知的障害
強迫性障害	高次脳機能障害	

CASE

自分で進路を決められずうつ状態に

高校生のHさんは難関国立大学の受験を決意し、塾通いをしながら勉強に励《はげ》んでいた。しかし、志望大学は父親の母校のため子どもの頃から目指せと言われてきただけで、自《みずか》ら望んで行きたい大学ではなかったことに気づいた。自分の意思で進路を決めていないことに違和感を抱《いだ》き、かといってなぜ進学するのかという動機づけが自分の言葉で説明できないことがわかると、イライラや不安が募《つの》るようになった。父親に対する怒りの感情も湧《わ》き出てきたが、直接ぶつけられないまま勉強は手につかなくなり、気がつくと涙を流している時もあった。学校も休むようになり見かねた母親が精神科に連れて行くと「うつ状態」と診断され、服薬と並行してカウンセリングを受けることになった。そこでHさんは誰にも話せなかった父親との葛藤を語ることができ、気持ちが整理されていった。

POINT

知っておきたい心の病

●周囲に理解されにくい精神疾患

精神疾患は様々な病状があるため、周囲にわかりにくく理解されにくいのが現状です。特に休職すると怠《なま》けとみなされてしまったり、どのように接してよいかわからず必要以上にコミュニケーションをとろうとしなかったりする人も出てきます。薬物治療の副作用から仕事や学業に支障をきたすこともあります。まずは**精神疾患が誰にでも起きる身近な症状**であることを自覚し、関心をもつことが求められます。

●専門医につながること

精神科や心療内科は地域に身近なクリニックになってきました。しかし、医療不信や診断されることを恐《おそ》れて受診することに抵抗感を抱く人もいます。また、過去に受診して嫌な思いをしたことがトラウマ（↓26ページ）になっている人もいます。最近はネット上の口コミで様々な情報が飛び交い、自分に適切なクリニックがわかりにくいことも多いようです。そうした場合、公認心理師・臨床心理士などの心の専門家やかかりつけ医から情報を得て、不安を取り除いてから専門医につながることが望ましいです。

●精神科と心療内科の違い

身体の不調を伴う心の症状（ストレス性と思われる腹痛や自律神経の乱れなど）は、心療内科のほうが適しています。心の症状（抑うつや不安、イライラ、幻覚、妄想、依存症）は、精神科が望ましいでしょう。「精神科・心療内科」（またはその逆）と標榜《ひょうぼう》している病院・クリニックであれば全般に応じてくれます。最近では、睡眠障害外来、認知症外来などもみられるようになりました。判断力が低下しやすい統合失調症の急性期や、自殺企図（↓110ページ）の恐れがある場合は、入院施設のある精神科病院を受診すると安心です。

hint II

発達障害【はったつしょうがい】

発達の凸凹を理解する

発達障害の可能性のある小・中学生は、２０２２年の統計調査で８・８％いるという結果が出ました。発達障害と診断されず、発達の凸凹《でこぼこ》を抱《かか》えながらも特別な支援を受けられていない「**発達障害グレーゾーン**」の子どもを含めると、もっと増えます。

発達障害は、主に「**自閉スペクトラム症（ＡＳＤ）**」「**注意欠如・多動症（ＡＤＨＤ）**」「**限局性学習症（ＳＬＤ）**」とされていて、症状が重なることもあります。例えば、強いこだわりのために一つのことに時間がかかり、集団生活に追いつけないようなＡＳＤの特性に加え、多くの刺激を同時に処理できず注意力が低下するようなＡＤＨＤの症状をあわせ持つ、などです。

自閉スペクトラム症の「スペクトラム」は「広範囲にわたる」という意味です。そのため、支援を要するレベルによって重症度が異なります。共通する症状としては、人間関係

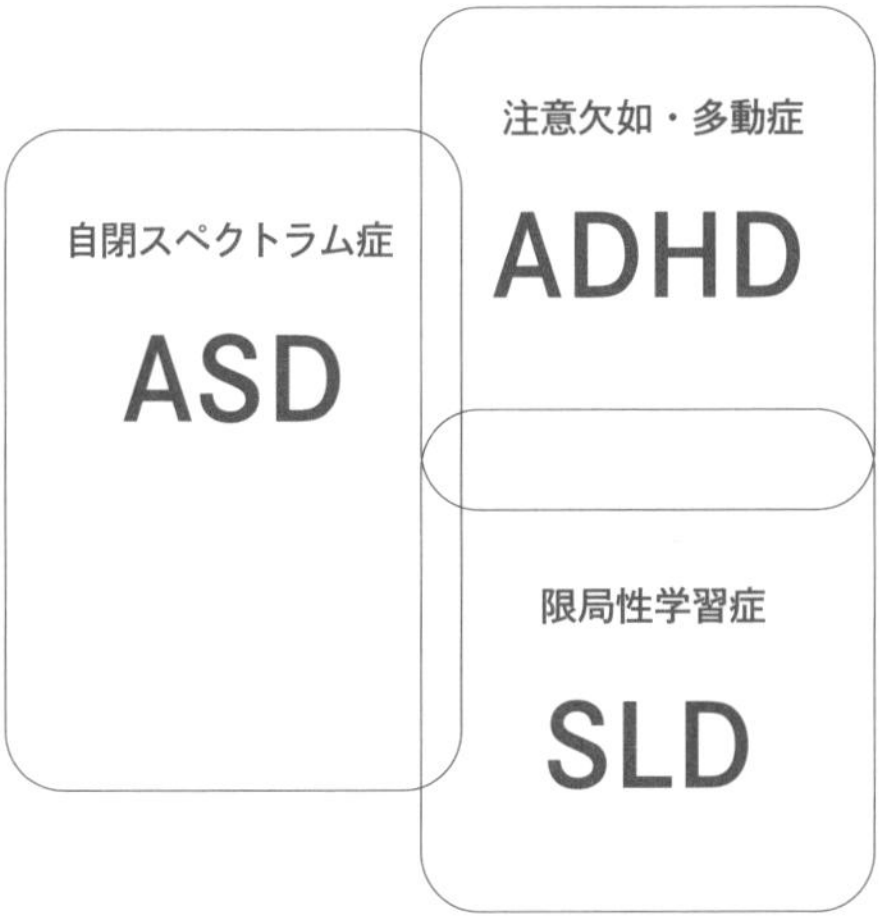

の困難さやこだわりの強さです。注意欠如・多動症は、不注意型、多動・衝動型、混合型の3タイプあります。限局性学習症（**学習障害**）は、知的発達に遅れはみられないものの、特定の能力に困難さが生じるのが特徴です。読字障害、書字障害、算数障害の3タイプがあり、そのほかに、「聞く」「話す」「推論する」といったことが苦手な場合もあります。

　最近では子どもの頃に発達障害と診断された人が大人になり就労がうまくいかないケースや、大人になってから自分の特性に違和感を抱《かか》えて受診し、発達障害と診断されるケースも増えてきています。

CASE 自閉スペクトラム症・SLDと診断された高校生

子どもの頃に自閉スペクトラム症に加え限局性学習症と診断された高校生のI君は、PCの専門的な知識があり、自作PCの制作やプログラミングを得意としていた。しかし、集団行動や同級生との会話が苦手で、PC好きのたった一人の友人が心の支えだった。字を書くことが極端に苦手で、授業で問題を理解できていてもノートに書くのに時間がかかり、周囲のペースから取り残されることを苦痛にしていた。ある日、そのことを主治医に話したところ「合理的配慮」という言葉を知り、板書を書き写す時にノートPCの使用を認めてもらったらどうかと提案された。高校では初めての申し出ということで協議に時間がかかったものの最終的に認められ、I君は効率よく学ぶことができるようになった。

POINT

合理的配慮をしよう

● 発達障害の二次障害とは？

発達障害であるがゆえに言葉の微妙なニュアンスを理解できず、空気が読めなかったり冗談を文字通りに受け止めてしまったりして、いじめや**ハラスメント**（→86ページ）がエスカレートすることもあります。また、学業や仕事でうまくいかず、ネガティブ思考に陥《おちい》りうつ病を併発することもあります。二次障害でのつまずきは心の傷にもなりやすく、怒りや不安、悲しみを言葉にできず成人になってからもトラウマを抱《かか》えている人もいるのです。

●合理的配慮とは？

合理的配慮は、障害を抱える人が障害を抱えていない人と同じように、教育や就業に平等に参加できるよう障害特性に配慮していくことを指します。**障害者差別解消法**に盛り込まれ、近年注目されている概念です。この法律では、公的機関、会社などの事業者に、負担が重すぎない範囲で配慮することを求めています。発達障害の人への配慮の一例として、上司が説明する時は、言葉だけでなく文字でも提示する、集中できる席へ座席配置を代える、などがあります。

●医療機関や専門機関の支え

発達障害でも特にどのような発達の特性がみられるのかを明らかにするためには、医療機関や専門機関で発達検査を受けることが第一歩になります。その後、検査データをもとに診察した精神科などの医師によって診断が下《くだ》されます。ＡＤＨＤで衝動性が強く自傷他害の恐《おそ》れがある場合は、薬物治療を試《こころ》みて服薬の効果を慎重に判断します。子どもの場合、「通級による指導」「特別支援学級」での個別指導、少人数での指導を通して特別な支援を受けます。大人の場合、就職活動でつまずくこともあるため、就労移行支援事業所などの支えを得ながら、人づきあいのスキルや仕事のスキルを高めていきます。

hint 11

パーソナリティ障害

「困った性格の人」を理解する

パーソナリティ障害は、日常生活に支障をきたすような思考や反応によって対人関係のトラブルになり、本人も周囲も苦痛を感じるような精神疾患をいいます。A～C群の3タイプに分類されます。

●A群　奇異型

妄想性パーソナリティ障害　相手が自分に悪意をもっていると思い込み、自分を正当化します。

統合失調質パーソナリティ障害　社会との希薄さがあり、感情が乏《とぼ》しい傾向があります。

統合失調型パーソナリティ障害　奇妙で風変わりな思考や行動をとります。

●B群　劇場型

境界性パーソナリティ障害　見捨てられることによる恐怖を抱《いだ》き、激しく周囲を巻き込

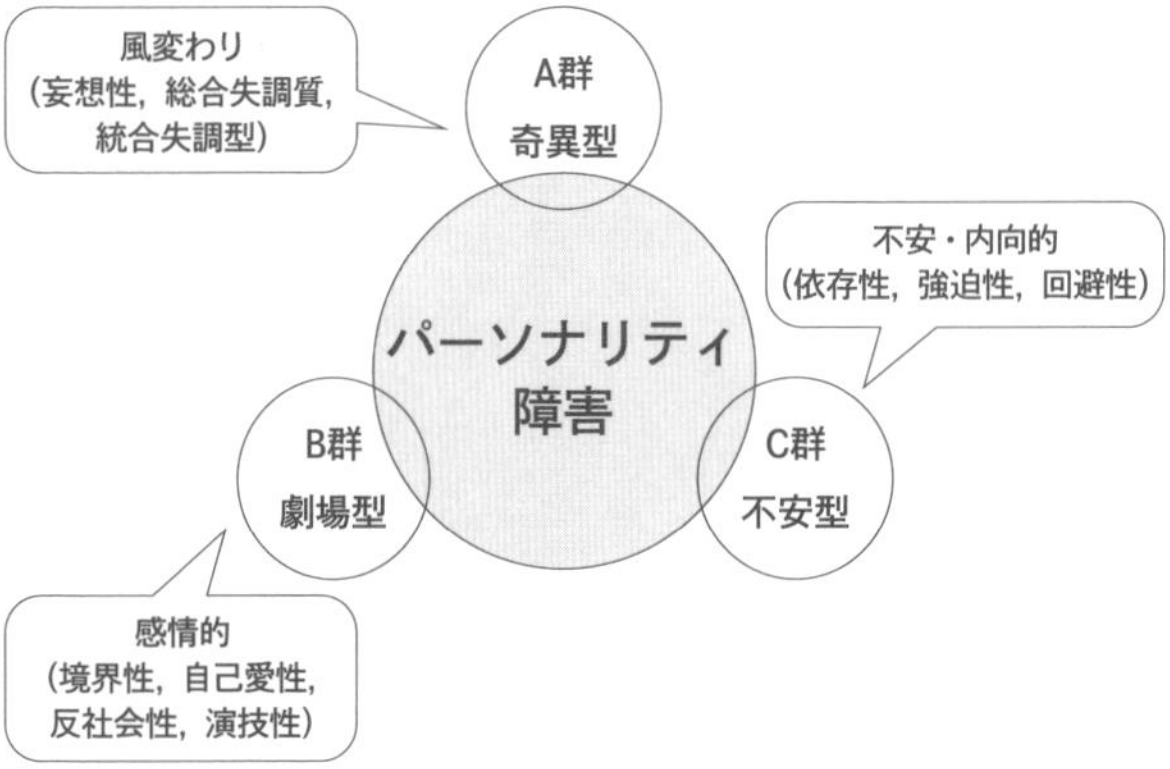

みます。

自己愛性パーソナリティ障害　自分への過大評価をして周囲に賞賛を求めます。

反社会性パーソナリティ障害　社会的な秩序《ちつじょ》を守ろうとせず周囲をコントロールします。

演技性パーソナリティ障害　周囲の関心をひくために誇張《こちょう》した行動をとります。

●C群　不安型

依存性パーソナリティ障害　自分で決断できず人任せにし、孤独に耐えられず他人へ過度に依存的です。

強迫性パーソナリティ障害　自分で決めたルールに執着し、完璧にこなそうとするため周囲と同じ行動がとりにくくなります。

回避性パーソナリティ障害　問題に立ち向かおうとせず避けてばかりいます。

CASE

学校に怒鳴り込んできた保護者

学校へ毎日のように電話をかけてくる保護者のJさん（女性）は、子どもの学級担任を頼り、ちょっとしたことでも助言を求めていた。ある日突然「担任の助言通りに子どもと接したら子どもが暴れて私はストレスを抱《かか》えた。どうしてくれるんだ。訴えるぞ」と職員室に怒鳴り込んできた。担任は急なJさんの言動に驚き、言葉を失っていた。管理職がJさんをなだめ、来校中のスクールカウンセラーにつなぐと、「担任に頼りっぱなしで感謝しているのに責めてしまったことを後悔している」「いつも気持ちの浮き沈みが激しくて、行動のコントロールが効《き》かない」と号泣した。中断していた精神科クリニックに通うことを勧め、担任との関係を見直すことを目標にカウンセリングを継続することになった。

POINT

「困った性格の人」を理解する

●衝動的な行動に注意

B群の境界性パーソナリティ障害や演技性パーソナリティ障害の場合、周囲の気をひこうとして自殺をほのめかしたり、高いところから飛び降りようとしたり、人前でリストカットをしたりするような行動をとることもあります。本人は無意識でそのような行動をとっていることもあり、周囲は困惑するしかありません。暴れてしまい自傷他害のリスクが高まった場合は、警察の協力を得て精神科病棟への措置《そち》入院に踏み切ることもあります。

ほかの精神疾患の併発

パーソナリティ障害は、ほかの精神疾患が二次的に併発するケースもあります。例えば、うつ病や双極性《そうきょくせい》障害、不安障害などが指摘されています。しかし、医療につながったとしてもパーソナリティ障害の治療薬はなく、併発した症状の薬物治療は部分的な効果しか期待できないこともあります。主治医と関係性が築けず、治療を拒《こば》み勝手に受診を中断してしまうこともあります。そうなると、症状が悪化して日常生活や人間関係にも悪影響を及ぼしてしまいます。

パーソナリティ障害の支援

パーソナリティ障害になると、奇妙に思われることもありますし、周囲を振り回し、相手を怒らせてしまうこともあります。強迫性パーソナリティ障害になると、完璧を求めて融通《ゆうずう》がきかないため、周囲を厳しく従わせようとすることもあります。「ためこみ型」になると、物を捨てられなくなり、部屋の片づけができなくなってしまいます。お金があっても生活水準を下げたままで金銭管理を徹底する傾向があります。そのため家族が耐えられなくなるレベルになると、専門家を含めて冷静に対応できる支援者が増えていくことが望ましいでしょう。

hint 11

不安や恐怖から抜け出せない

強迫観念と強迫行為

『きょうはくかんねんときょうはくこうい』

自分の意に反して不安や恐怖が頭から離れないことを**強迫観念**といいます。一方で、強迫観念を打ち消すために同じ行動を繰り返すことを**強迫行為**といいます。

具体例として、手が汚れて菌がたくさんついてしまっているような不安にとらわれてしまい（強迫観念）、何度も手を洗ってハンカチでふいてその場を離れようとするものの今度はハンカチに菌がついていたので手を洗い直す（強迫行為）、といったような**手洗い強迫**があります。日常生活に支障の出るレベルになると、強迫症／強迫性障害と診断されて治療の対象になることもあります。

強迫観念

不安や恐怖が頭から離れないこと

強迫行為

強迫観念を打ち消そうとすること

CASE 遅刻してしまう本当の理由

ゼミの授業に毎回遅刻してくるK君がいた。同じグループのメンバーは当初あまり気にしていなかったが、グループ作業の遅れを引き起こすようになり、メンバーは不満を募《つの》らせていった。K君はいつも眠そうにしているので、メンバーからは不規則な生活なのだろう、だらしない人なのだろうと思われていた。ある日、K君の毎回の遅刻も影響し、ほかのグループよりも作業が大幅に遅れてしまっていることに腹を立てたLさんは、K君に対し「みんな迷惑しているからいい加減に遅刻しないでくれる？」と詰め寄った。すると、K君は涙を浮かべながら「家を出ようとすると忘れ物をしていないか不安になりカバンや財布の中身を何度も確認するうちに1時間以上経ってしまい、家を出る時間をいつも過ぎてしまう」と申し訳なさそうに語った。また、「夜寝る前も翌日忘れ物をしないかということばかり考えてしまい、不眠になっている」と遅刻の理由を打ち明けた。

POINT

好きでやっているわけではないことを理解する

●ルールを決めてパターン化

前髪のセットが決まらず何度も髪型を確認していて鏡の前から動けなくなってしまう、

というのもちょっとした身近な強迫観念／強迫行為になります。生活に支障が出てしまう場合、「髪型のチェックは3分間で終わらせる」など自分の中でルールを決めて、タイマーが鳴ったら鏡の前から立ち去る、といったように強迫的に行動をパターン化させると改善することがあります。

●周囲に理解されにくい強迫観念／強迫行為

強迫観念や強迫行為に無縁な人であれば、「忘れ物をしてもいいじゃん」「細かいことを気にする必要はない」と思うでしょう。しかし、その人からすると好んでやっているわけではありませんので、意に反した観念や行為に苦しんでいるということを周囲は理解すべきです。

●強迫観念／強迫行為の治療法

強迫症／強迫性障害は、うつ病や睡眠障害（↓60ページ）を併発することもあるので集団への不適応などの二次的な障害を引き起こしやすく、メンタルヘルスを悪化させてしまうこともあります。そのため、精神科などの医療につながっていると、いざという時に安心です。強迫症／強迫性障害と診断された場合、薬物療法で症状を安定させながら、認知行動《にんちこうどう》療法《りょうほう》を用いた治療が試みられます。

hint II

ＨＳＰ／ＨＳＣ

感受性が強すぎて疲れやすい人

ＨＳＰ（エイチエスピー　Highly Sensitive Person）は、**感受性の強い心理特性をもった人**のことです。アメリカの心理学者エレイン・Ｎ・アーロンが提唱した概念で、**診断名ではありません。**約５人に１人はＨＳＰと考えられていますので、比較的多い割合であるといえます。なお、ＨＳＣ（エイチエスシー　Highly Sensitive Child）になると、感受性の強い子どものことを指します。ＨＳＰ／ＨＳＣには「**DOES（ダズ）**」といわれる４つの特性があり、４つすべて該当する場合にＨＳＰ／ＨＳＣであるとされます。

D　Depth of processing　思慮深さ　例：掘り下げて複雑に考えてから行動するため時間がかかる。

O　Overstimulation　刺激に敏感で疲れやすい　例：騒音や人混みが苦手。気疲れして疲労がたまる。

E　Empathy and emotional responsiveness

感受性の強さ　例：感情移入や共感をしやすい。相手の表情やしぐさを感じ取って気持ちを察する。

S　Sensitivity to subtleties

感覚の鋭さ　例：聴覚過敏。肌着のタグが気になる。

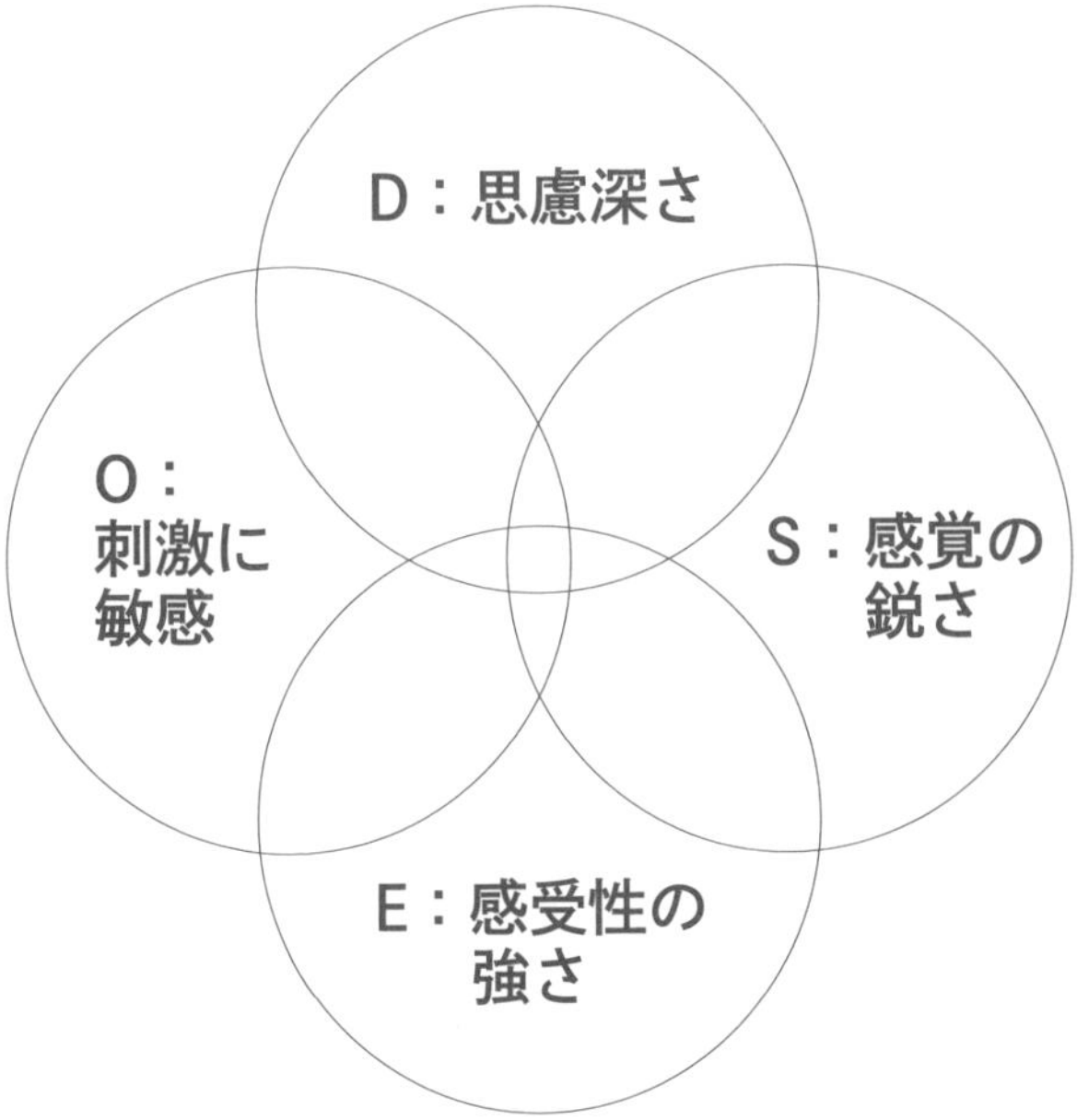

CASE

相手の表情や環境の変化に過敏になってしまう

取引先の会社へ、部下のサポートで出向くことになったMさん。部下の説明が長くなるにつれて相手の表情が少し険《けわ》しくなりわずかにイラついているのが感じ取れた。部下は相手の様子に気づいておらず、一方的な説明が続いた。Mさんが、自然な流れで部下の説明をストップさせるにはどのタイミングがよいか考えているうちに時間が経ってしまった。ようやく「ちょっと説明が長くなってしまって申し訳ございません。ここまででご不明な点はありますでしょうか?」と口をはさむと、部下もハッとして簡潔に説明するようになった。取引先の会社を出た後に会社の備品を購入するため家電量販店に立ち寄ると、色々な音や音楽、声をすべて拾い上げてしまい、しんどくなってきた。電車に乗ると混雑していて、バッグがほかの乗客の邪魔にならないかと神経をとがらせていた。会社に戻ると疲れが出て、Mさんはしばらく動けなくなってしまった。

POINT

自分にあった対処を見つける

●職場、学校、通勤通学で疲弊《ひへい》しやすい

職場や学校での複数の会話、通勤通学の駅構内・車内の人混み、交通量の激しい道路の

騒音など、疲弊《ひへい》する場面が多くあります。一般の人の2～3倍は過剰に刺激を受けてしまうので、集中力がなくなったり思考が鈍《にぶ》ったりする機会が増えると、就学や就業に悪影響を及ぼすこともあります。

●病気ではなく生まれもった特性のため周囲に理解されにくい

まだHSP／HSCという用語は一般的に浸透していませんし、特性を理解してもらうのには時間がかかるかもしれません。些細《ささい》なことでも感じ取る力は長所になりますし、感受性が強すぎて疲弊しやすくパフォーマンスも低下しやすいのは短所となります。こうした自分の長所と短所をわかってもらえる人が周囲に増えると少しはラクになります。

●HSP／HSCとのつきあい方

「思慮深さ」は、反射的、衝動的にするのではなく、慎重に言葉を選んで発信したり行動したりするわけですので時間がかかることもありますが、ポジティブな特性ととらえたいところです。「刺激の過敏性」については、移動中などに限りますが、聴覚過敏であればイヤホンで音楽を聴いて外界の音をシャットアウトするような対処はできます。職場や学校であれば、防音専用のイヤーマフの使用を認めてもらえるとよいでしょう。自分の特性にうんざりしてネガティブな思考にならないよう、自分にあった対処をみつけられることが望ましいですし、周囲も人それぞれの特性を否定的に受け止めるのではなく、理解に努めてほしいと思います。

hint 11

アタッチメント障害

乳幼児期の育児が影響しやすい

アタッチメント障害は、乳幼児期に養育者との情緒的な絆《きずな》がうまくつくれず、対人関係でトラブルを抱《かか》えてしまうような状態をいいます。主な養育者は、必ず母親である必要はありません。なお、アタッチメントは和訳すると「**愛着**」になります。

養育者との情緒的な絆をつくるのに特に重要な時期は、生後から1か月半くらいまでとされています。具体的には、乳児の空腹やおむつの汚れ、眠たいけれど眠れないといった満たされない状況の時に、養育者がすぐに応じて子どもの欲求を満たそうとすることで、養育者との絆が徐々《じょじょ》に深まっていきます。また、物理的な欲求を満たすだけでは不十分で、笑顔で声をかけながら、抱っこやおんぶといった肌と肌のふれあい（スキンシップ）が、子どもに安心感をもたらします。

情緒的な絆が不十分なままだと、アタッチメント障害を引き起こします。アタッチメント障害の原因としては、虐待《ぎゃくたい》、過剰《かじょう》なしつけ、無視、養育者の度重《たびかさ》なる交代、きょうだい間差別など、愛情を注がれない状況があげられます。アタッチメント障害には、2タイプあります。

反応性アタッチメント障害

警戒心が強い。人を避ける、攻撃的、など。

脱抑制性対人交流障害《だつよくせいせいたいじんこうりゅうしょうがい》

警戒心がない。知らない人に近寄る、など。

CASE

知らない男性についていってしまった小学生

小学生女児のNさんは、アルコール依存の母親のもとで育ち、乳幼児の頃から放置されがちで、幼児以降も抱っこされた記憶がほとんどなかった。保育所では、迎えに来た知らない親にも抱っこやおんぶをねだり、後をついて行こうとするしぐさもみせていた。小学校に入学した頃に母親が再婚し、弟が産まれたことで母親はさらにNさんへの関心が薄れていった。本人が小学3年生になった時に事件が起きた。下校中に1人でいた時に男性から声をかけられ、アメをもらったことでうれしくなり、男性について行ったところショッピングモールのトイレに連れ込まれそうになった。男性のことを「おじさん」と呼んでいたNさんに異変を感じた巡回中の店員が、男性に事情を聴いたことで保護された。警察から連絡を受けた学校がNさんの被害を重く受け止め、両親と話し合うことになった。

POINT

アタッチメント障害のある人には冷静に接する

●反応性アタッチメント障害：人との心地よい体験の不足による影響

反応性アタッチメント障害の場合、養育者との心地よい体験がベースにないため、人づきあい自体が苦痛になります。そのため、過剰に警戒したり相手を攻撃したりして、必死に自分の心を守ろうとしているのです。そこで、周囲は不愉快な思いをするわけですが、「嫌な人」とレッテルを貼るのではなく、「相手を攻撃して自分を守ろうとしている人」と冷静にとらえることで、余裕をもって相手と接したり距離をとったりすることができます。

●脱抑制性対人交流障害：性被害や犯罪に巻き込まれやすい

脱抑制性対人交流障害になると、警戒心のなさから、女子であれば自分に関心をもった異性に近づいてしまい、性被害に遭《あ》ってしまうこともあります。また、リスクのある人に安易に近づいてしまうことで、マルチ商法や特殊《とくしゅ》詐欺《さぎ》に巻き込まれたり、知らぬうちに犯罪加害者になってしまったりすることもあります。そうなると、アタッチメント障害による二次的な被害によって**トラウマ**（↓26ページ）を深めてしまうことになり、トラウマの多重性やPTSDの発症につながってくるのです。

●アタッチメント障害の子どもへのケア

アタッチメント障害のケアとして、養育者の子どもとの不適切なかかわりを見直すための「**ペアレントトレーニング**」が主流になってきました。精神科医や看護師、公認心理師・臨床心理士、精神保健福祉士らによるチーム医療を導入している病院やクリニックがわずかですが存在します。地域の子育て支援として、親子の肌と肌のふれあいを相互に促《うなが》すような「**タッチング**」の講座が増えていくことで、子どもとのかかわり方がよりよい方向になることを願っています。

hint Ⅲ

睡眠障害・起立性調節障害

眠れない起きられないつらさ

【すいみんしょうがい／きりつせいちょうせつしょうがい】

睡眠障害は、睡眠に支障をきたす症状の総称を指します。代表的なのが**不眠症**です。不眠症は、大きく4つのタイプに分かれます。①入眠障害（寝つきが悪い）、②中途《ちゅうと》覚醒《かくせい》（途中で目覚めてしまう）、③早朝覚醒（朝早く起きてしまう）、④熟眠障害（寝た気がしない）です。その反対に、十分に睡眠時間を確保しているにもかかわらず日中に眠気に襲《おそ》われ居眠りしてしまう症状を**過眠症**といいます。気がついたら居眠りしてしまうナルコレプシーでは目覚めたあとにすっきりするのですが、居眠りが1時間以上続く特発性過眠症になると、慢性的な眠気を特徴とします。なお、特発性過眠症には、夜間の睡眠時間が10時間以上のタイプと通常のタイプがあります。概日《がいじつ》リズム睡眠障害は、昼夜のサイクルと体内時計のリズムが合わないことから生じます。日勤と夜勤を不規則に繰り返すような働き方が影響しやすくなります。

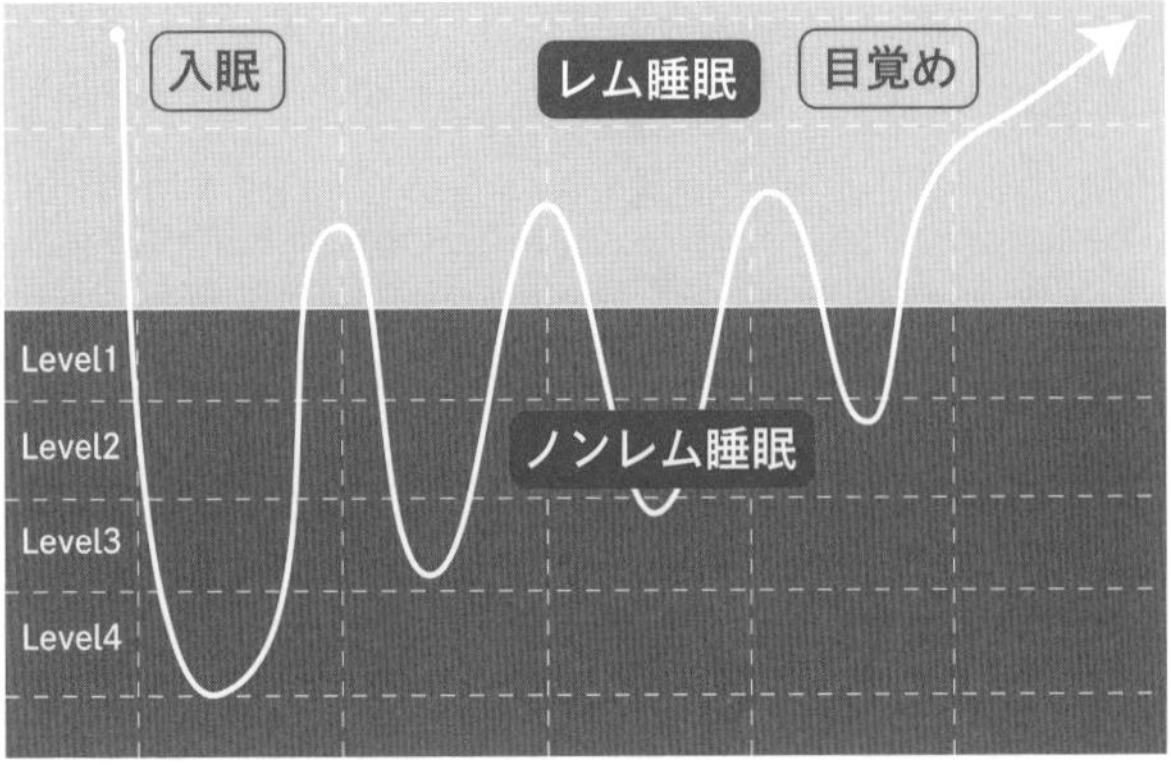

睡眠の周期は個人差があるため、自分の睡眠周期を理解することも重要です。睡眠周期は、睡眠時の脳波をとるとわかります。眠る時に目をつむるとレム睡眠状態になり、覚醒状態から睡眠状態に移行します。その後ノンレム睡眠に入るのですが、ノンレム睡眠は睡眠の深さで1～4のレベルに分かれています。レベル1が最も浅い眠りで、レベル4（SWS slow wave sleep）が最も深い眠りです。レベル1の段階で起床するとすっきり目覚められますが、レベル4の深い眠りの状態から急に目覚めようとすると不快な感情が高まります。

CASE

睡眠の不調で希死念慮を高めた受験生

大学受験生のOさんは、模擬試験の成績低下で焦《あせ》りが生じ、睡眠時間を削《けず》って勉強するようになった。しかし、学校や塾でたびたび眠気に襲われ、効率よく勉強ができなくなり、さらに焦るようになった。次第に寝ようとするとネガティブな思考ばかりが浮かぶようになり、眠れないまま早朝になってうとうとするような日々を繰り返した。不眠を重ねるうちに気分の落ち込みから希《き》死《し》念慮《ねんりょ》が高まり、病院を受診することになった。

POINT

生活リズムを整えて医療機関も受診しよう

●睡眠時間が短い日本人

OECD（経済協力開発機構）が発表した最新データによると、日本人の平均睡眠時間は7時間22分であり、加盟国の中では最下位となっています。理由の一つとして、残業などの常態化による長時間労働の影響が指摘されています。睡眠時間が不足することで生産性が低くなり、残業をしていても結果的に仕事のパフォーマンスが向上しないといった悪循環に陥《おちい》っている可能性もあります。仕事だけでなく育児や介護などに時間をとられ、睡眠時間が確保しにくくなっていることもあるため、育児や介護との両立に配慮した働き方がますます推進されるべきです。

●起床時のトラブル

睡眠に関しては、起床時のトラブルもあります。**起立性調節障害（OD　Orthostatic Dysregulation）**は、自律神経系の乱れによって、起き上がろうとすると血圧が急激に低下したり心拍数が急に上がったりして、循環器系の調整がうまくいかなくなる疾患です。朝の起床の困難、たちくらみやめまい、疲れやすさ、長時間立っていられないといった症状によって、学校や会社に通えなくなることもあります。「怠《なま》け」と思われて周囲の理解が得られないこともあり、二次的なストレスを抱えることもあります。

●医療機関は何科に行けばよい？

日本人の約5人に1人は不眠症といわれています。その他の睡眠障害についても、不規則な生活で睡眠リズムが乱れることで生じる場合があるため、まずは生活リズムを整えることから始めてみましょう。それでも改善されない場合は、独断で睡眠障害と考えず、まずは専門医に相談する必要があります。最近では睡眠障害の専門外来を設けている病院やクリニックが増えてきました。もちろん精神科、心療内科でも応じてくれます。起立性調節障害が疑われる場合、血圧低下や心拍数の異常を感じるのであれば循環器内科、睡眠リズムの不調や食欲低下を伴うのであれば神経内科、ストレスの影響を感じているのであれば心療内科を受診することが推奨されています。

カンノ先生の「I《アイ》」メッセージ的コラム②

大学1年生の頃、アルバイト経験がなかったので何かやりたいと思ってカフェでバイトをすることになりました。働き始めてから知ったのですが、そこではお客さんからの注文をメモしてはダメで、すべて暗記しなければならないルールでした。

記憶力の悪い私は、複数のお客さんからいくつも注文されると暗記できず、お客さんに確認しに戻ってばかりでした。お水やパフェを床に落として店長から怒られ、しばらく経つとシフトに入れてもらえなくなり、そのまま辞めることになりました。並行して通っていた自動車教習所でも、教官からねちねち怒られ、仮免許の試験が不合格になったタイミングで通えなくなってしまいました。

この2つの出来事は、私にとって大学受験に続いて大きな失敗体験になり、少しうつ症状が出ていたように思います。一人暮らしでしたので、あまり外に出なくなり、昼夜逆転生活が続いて食生活も乱れ、不健康な生活を続けていました。失敗体験を誰にも話すことができず、少し自暴自棄になっていたのかもしれません。その時期はほとんど大学にも行けていませんでしたので、今から考えると「準ひきこもり」だったといってもよいでしょう。

ただ、無駄な時間を過ごしていたわけでもなかったと感じています。多くの本を読みあさりながら、時にはひたすらブラームスやラフマニノフといった悲壮感漂うクラシック音楽を聴いて過ごしていました。ひどい生活でしたが、しっかり休んでリセットする時間になったと考えています。その後は、自動車免許を取得して中古車を買うために100万円貯めるという目標を立てたことで、嫌なことがあっても逃げ出さないで立ち向かえるようになりました。

回避的な行動になってしまったとしても、（他人に迷惑をかけなければ）休息することが時には必要です。大回りしたとしてもたどりつければいいじゃないですか！

よくスマホに例えて言うのですが、充電されていないスマホやメモリ不足のスマホは機能しません。休息することを恐れないで、心も身体もしっかり充足するといった時間が、次の原動力になるわけです。

III 家族関係や人づきあいで生じるリスクを乗り越える

虐待【ぎゃくたい】

他人事ではない社会的問題

虐待という言葉を聴くだけで耳をふさぎたくなる方もいるかもしれませんが、残念ながら日本では虐待の問題が深刻化しています。虐待行為をはじめから望んでいたわけでなく、家族とのコミュニケーション不全や、育児、介護などに行《い》き詰《づま》ってしまい徐々《じょじょ》にエスカレートするケースが多いのです。また、加害者は虐待行為をしているということに無自覚なこともあります。

虐待は、**児童虐待**、**高齢者虐待**、**障害者虐待**に分かれていて、それぞれに虐待行為を禁止する法律が条文で定められています。虐待種別としては、**身体的虐待**、**性的虐待**、**ネグレクト**、**心理的虐待**、**経済的虐待**の5種類があります。

身体的虐待は、殴る・蹴るといった暴力行為のほか、激しく揺さぶるといった乳児に特有の虐待も含まれます。性的虐待は、強制的な性的行為や、相手が拒否しても性器に触る、または触らせる、などです。誰にも相談できないまま、被害が発覚しにくいのが特徴です。ネグレクトは、世話の怠慢《たいまん》・放棄を指します。身体的虐待のように目視できないので、緊急性が低く支援が遅れてしまいがちです。心理的虐待は、言葉による脅《おど》しや威嚇《いかく》、無視などです。子どもの目の前で**DV**（ドメスティック・バイオレンス→74ページ）を見せる行為も含まれ、**面前DV**と呼ばれています。経済的虐待は、金銭や土地を奪う、小遣いを与えない、などです。高齢者や障害者の場合、判断能力が不十分なため被害に遭いやすいわけです。

虐待種別	定義
身体的虐待	殴る、蹴る、激しく揺さぶる、やけどを負わせる、溺れさせる、首を絞める、など。
性的虐待	強制的な性的行為、相手が拒否しても性器を触るまたは触らせる、ポルノグラフィの被写体にする、など。
ネグレクト	家に閉じ込める、食事を与えない、不潔にする、病気でも病院に連れて行かない、など。
心理的虐待	言葉による脅し、威嚇、無視、子どもの目の前でDV行為をする（面前DV）、など。
経済的虐待	金銭や土地を奪う、小遣いを与えない、など。

CASE

アパートのベランダで泣きわめく幼児

大学生Pさんは、自宅近くのアパートの横を通った時に、とある一室のベランダに幼児が1人で遊んでいるのを見かけた。その時はあまり気に留めなかったが、別の日にも幼児がベランダにいるのを目撃した。肌寒くなった秋になると、ベランダで薄着のまま泣きわめく幼児の姿があり、室内に入れてもらえない様子だった。室内では夫婦がののしりあっており、女性の泣き声はやまなかった。Pさんは心配になったものの、近所で面倒なことに巻き込まれたくないという気持ちのほうが上回り、その場を立ち去るしかなかった。のちに、ネグレクトと面前DVの可能性があることを大学の授業で知り、通告すべきだったと後悔することになった。

POINT

虐待かもしれないと思ったら

●児童虐待通告ダイヤル「189」

児童虐待の通告ダイヤルが「**189（イチハヤク）**」に3桁化《けたか》されていることをご存じでしょうか。児童相談所が主に対応し、匿名《とくめい》でも受け付けてくれます。虐待が確認されなかったとしても、通告者に不利益はありません。虐待死事件は、近所の人が見聞きしても紹介したケースのようにスルーしてしまい、手遅れになることが多いのです。悲惨《ひさん》な事件にならないよう、正義感と勇気をもって通告してほしいと思います。

●「面前DV」の増加

児童虐待の通告で増えているのが「**面前DV**」による心理的虐待です。警察は、DVの通報で家庭に出向き、子どもの目の前でのDV行為を確認すると児童相談所に通告する仕組みになっています。警察からの児童相談所への通告も増加しています。心理的虐待はあざのように目で確認できないため、周囲に発見されにくいのです。子どもの頃に抱《かか》えた心の傷は、数年経過しても回復しないこともあり、成人になってから心身の不調をきたすケースもあります。

●成年後見制度

高齢者や障害者の中には、認知症や知的障害などで正常な判断ができない人もいますので、契約の締結や財産の管理などを本人に代わって「成年後見人」が行う制度があります。成年後見人になるために特別な資格は不要ですが、弁護士や司法書士らが選任されることがあります。経済的虐待を引き起こさないための予防策として、家族が正しい知識を身につけ、早めに専門家へ相談することが肝心です。

hint Ⅲ

人づきあいを狂わせる

ゲーム障害

ゲームに熱中してプレイをやめることができず、日常生活に支障をきたす「**ゲーム障害**」は、２０１９年にＷＨＯ（世界保健機関）の国際疾病分類に加えられるほど国際的な問題になってきました。「ゲームの時間をコントロールできない」「日常の活動よりもゲームを優先する」「ゲームがきっかけで問題が起きても止められない」「学業・仕事に支障をきたす」といった状態が12か月以上続くと、ゲーム障害と診断される可能性があります。ある研究によると、ゲーム依存は統計的に女性よりも男性に有意に多いとされています。

昼夜逆転生活になって朝起床できず、欠席・欠勤が続き、退学・離職からひきこもりになってしまうようなケースもあります。脳への影響としては、行動のコントロールをつかさどる前頭前野の機能の低下が指摘されています。ゲーム障害によって行動のコントロールができなくなり、家族から注意されると器物破損や**家庭内暴力**を引き起こすといった問

起床しない　昼夜逆転

欠席・欠勤　ひきこもり

題も深刻になっています。

　ゲームへの依存の要因として、オンラインゲーム仲間とのコミュニケーションを大切にするあまり、次の日朝早くても深夜に無理して交流するケースもあります。スマホゲームのアイテムを有料で取得する「課金」は、ゲーム仲間から認められたいという承認欲求が作用していることもあります。

CASE

オンラインゲームに深夜まで没頭していた小学生

小学６年生のＱ君は、同級生と話が合わず、オンラインゲームに没頭することが心の拠《よ》りどころになっていた。深夜の時間帯だとゲームスキルの高い社会人と対戦できることがわかると、親に隠れて深夜までゲームをするようになっていった。大人たちとゲームをしながら会話をしていると、小学生の自分に気を使ってくれて居心地がよかった。しかし、徐々に朝起きられなくなり、体調不良を理由に学校を欠席する日が増えていった。ある日、深夜に隠れてゲームをしていることが親にばれてしまい、ゲーム機を取り上げられそうになった。Ｑ君は心の拠りどころを奪われると感じ、必死に抵抗し家具を投げて壊してしまった。

POINT

日常生活に支障を出さないために

●ゲームに代わる代替行動を

日常生活に支障をきたすほどゲームに没頭してしまうのには、何か原因があるはずです。人間関係のストレスや失敗体験の心の傷が癒《いや》されず、ゲーム以外の居場所が見いだせていないのかもしれません。ひきこもりがちになると、社会に適応していくことへの不安も募《つの》り、家族からの圧力も感じやすくなります。本人が納得しないまま、ゲーム機やＰＣを取り上げたりゲームの時間を完全になくしたりすることは逆効果です。ゲームの時間を減らす代わりに、本人の心理的な充実度が高まるような代替《だいたい》行動を一緒に見つけられると、ゲーム障害から抜け出すきっかけになります。

●ゲームの要素を取り入れた不登校支援も

不登校の小・中学生を対象にしたオンラインでの学習支援の動きがあります。ＮＰＯ法人カタリバは、メタバース（仮想空間）を活用した不登校支援プログラムを立ち上げました。オンラインゲームの感覚で支援者とつながりをもてるのが特徴です。子どもの関心に沿った支援を模索する姿勢は常にもちたいものです。

●ゲーム障害の治療

ゲーム依存だけでなく、アルコール依存、ギャンブル依存、薬物依存など依存症治療の専門性に特化した病院・クリニックが、わずかですがみられるようになりました。残念ながら、ゲーム障害の治療薬はありません。ただ、状況にもよりますが、ゲーム障害に併発するうつ病や注意欠如・多動症（ＡＤＨＤ →40ページ）などの症状改善のために薬物治療をおこなうことがあります。カウンセリングやデイケアを通して、適切なゲームとのつきあい方を見直していきますが、改善が期待されず家庭内暴力や生活の乱れがひどくなると、入院治療をしてゲームができない環境で生活リズムを整えていきます。ただし、ゲーム障害の入院治療を主とした医療機関は限られているのが現状です。

DV

［ドメスティック・バイオレンス］

パートナー間の支配――従順関係から抜け出せない時

DVはドメスティック・バイオレンスの略で、配偶者からの暴力を指します。直訳すると「**家庭内暴力**」ですので、虐待（↓66ページ）と同じ意味にとられやすいのですが、概念は異なります。海外では、DVよりも**IPV**（「Intimate Partner Violence　親密なパートナーからの暴力」の略）の用語が一般化しています。日本では、DV防止法によって事実婚や離婚後の暴力も法の対象になっていますが、同棲《どうせい》していない交際相手は対象外となります。また、男性から女性への暴力をイメージしがちですが、女性から男性への暴力も徐々《じょじょ》に増えています。

DVの状況から逃《のが》れようとしても、逃れられなくなる要因の一つが「DVのサイクル」です。加害者の機嫌が悪くなり始める「緊張期」を経て、激しい暴力が振るわれます（「爆発期」）。その後、加害者からの謝罪を受け、「この人は私が支えないとダメかも」と依存

DVのサイクル

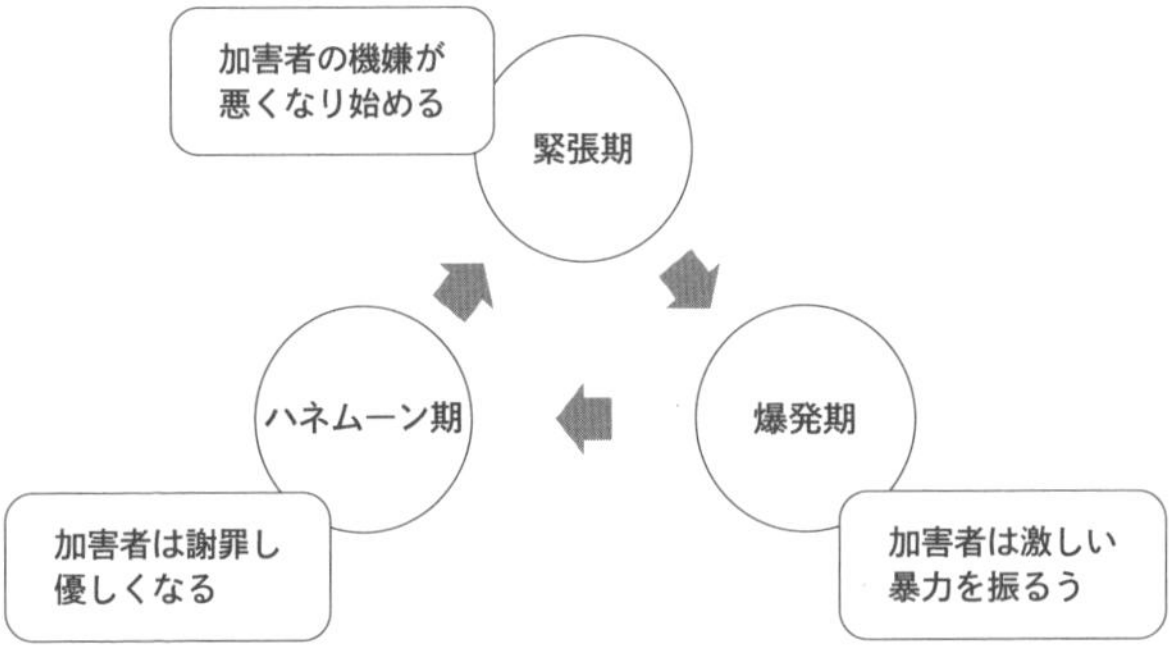

度を強めます（「ハネムーン期」）。このサイクルを繰り返すことで、被害者は正常な判断ができなくなり、間違ったことでもパートナーの考えを優先し、要求に応えようとするような支配―従順関係から抜け出せなくなるのです。児童虐待でもＤＶの脅威《きょうい》によってパートナーに逆《さか》らうことができず、暴力を受け続けている子どもを守りきれないことが問題視されています。

CASE

嫉妬深さからDVを重ねる夫

Rさんの夫は嫉妬《しっと》深《ぶか》い性格で、Rさんがパートに出るようになると、浮気をしていないか確かめるといってスマホの履歴《りれき》を確認しようとした。抵抗すると「隠していることがあるから見せられないのか」と怒り、家の壁を殴って穴を空けてしまった。その後も、Rさんが残業で帰宅が少し遅れただけでイライラし、「男とイチャイチャしてるんじゃないか」と激怒した。Rさんが「いいかげんにしてよ」と言うと頬《ほほ》を叩《たた》いてきたため、Rさんは突発的に家を出た。数時間後、Rさんのスマホに「悪かった。オレはオマエがいないとダメな人間だ。戻ってこないんだったらオレ死ぬわ」とメッセージが入り、慌てて帰宅すると土下座して謝られ、優しい夫に戻った。

POINT

タイミングを逃さない

● DVは暴力だけではない

DVの概念は拡大解釈されてきていて、学生であっても付き合っている相手からの暴力を「**デートDV**」と呼ぶようになりました。DVは暴力だけが対象と思われがちですが、「言うことをきかないと死ぬから」と相手を脅《おど》す行為や、行動を制限したりスマホを無断で見たり、避妊をさせなかったりする行為もDVの対象になります。無意識にDV行為をしてしまわないように、自覚的になる必要があります。

●DV防止法の仕組み

DV防止法では、地方裁判所に「**保護命令**」を申し立てることができます。保護命令には、「接近禁止命令」（有効期間は6か月間）、「退去命令」（同2か月間）、「子または親族への接近禁止命令」（同6か月間）、「電話等禁止命令」（同6か月間）の4種類があります。被害者の不安が募《つの》るのは、有効期間の終了が差し迫る時期です。再び被害に遭《あ》うのではないかといった恐怖から心理的に不安定になりやすいため、警察や関係者の協力を得ていざとなったら迅速《じんそく》に対応する必要があります。

●DVで助けを求められたら?

DV被害を相談されたら誰もが戸惑うかと思いますが、まずはDVの頻度や内容を聴き取って深刻度を把握してください。DVのサイクルでいうと「緊張期」や「爆発期」で助けを求めたとしても、「ハネムーン期」に入ってしまうと「もう大丈夫」と支援をしようとしても断る傾向にあります。タイミングを逃《のが》さないように、専門機関につなげる姿勢が必要です。専門機関としては、全国に**配偶者暴力相談支援センター**が設置されています。また、**DV相談プラス**ではメールやチャット相談も受け付けています。緊急性が高い場合、**警察に通報**して助けを求めるようにしてください。

家族の危機と心の歪み

機能不全家族

【きのうふぜんかぞく】

機能不全家族とは、家庭内での対立や、身体的虐待《ぎゃくたい》・性的虐待・ネグレクト・心理的虐待といった**虐待**行為（↓66ページ）、**ドメスティック・バイオレンス**（**DV** ↓74ページ）、アルコール・薬物・ギャンブルなどの依存症、共依存、家庭内不和、きょうだい間差別、**ヤングケアラー**（↓82ページ）などの状態が恒常的にみられる家庭を指します。背景には離婚や再婚の繰り返し、若年出産、貧困、介護、借金などによる家族離散、家族を犠牲にしてまでのめり込む宗教信仰、社会的な孤立などがあり、複雑な問題が重なり、解決を難しくさせていることもあります。

親が育児のエネルギー不足で子どもに愛情を注げないでいると、子どもに**アタッチメント障害**（↓56ページ）を引き起こします。また、家庭内で愛情が満たされないため、家庭外で愛情を補おうとし、異性からの関心を集めるために性的逸脱を繰り返し、性犯罪に巻き込

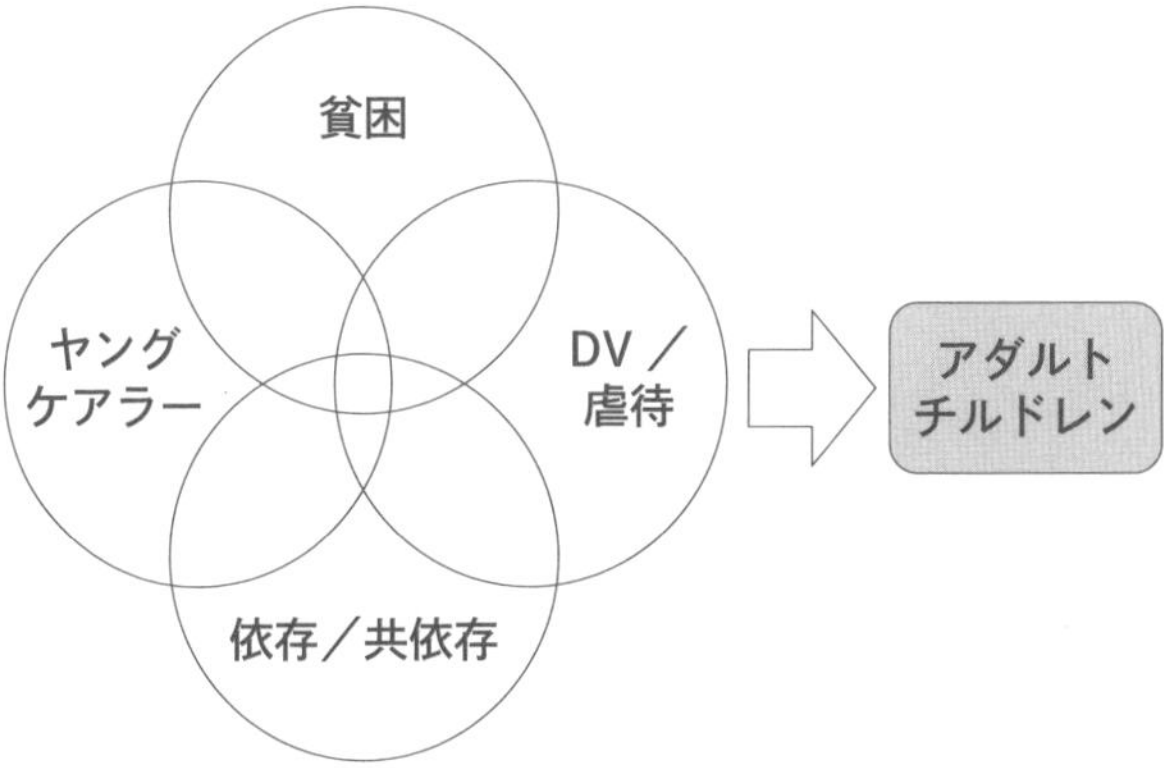

まれるケースもあります。

親よりも子どものほうがしっかりしないと家庭が回らない場合、子どもが親に代わって家事やきょうだいの面倒をみたり、親の心のケアをしたりといった親子の役割逆転の現象も起こりがちで、彼らは**アダルトチルドレン**といわれています。もともとアダルトチルドレンとは、アルコール依存症の親の元で育ち、成長後に心身の不調や社会生活に支障をきたすようになった人たちを指します。大人のようにふるまい、周囲からも褒《ほ》められるため称賛が心の支えになりますが、子どもらしくふるまえないまま成長し、緊張状態や親への憎しみから、大人になってからもメンタルヘルスの不調をきたす可能性があるのです。

CASE

父親の自己破産から両親の離婚後に一家離散

4人きょうだいの長男である高校生S君は、1人で家族に関する悩みを抱えてきた。父親は日雇《ひやと》い労働者で気が向いた時にしか働かず、働いたとしても給料はパチンコか競艇《きょうてい》、酒につぎ込んでしまい、子どもの目の前での夫婦喧嘩が絶えなかった。母親は生活費を稼ごうと朝から晩までパートで働いていたため、下のきょうだいの学童保育の迎えや夕食づくりはS君が担っていた。学業との両立が苦しく、父親に悪態をついたところ殴られてしまった。母親が体調を崩してパートの収入が減りはじめた頃、父親の多額の借金が発覚し督促《とくそく》が繰り返され、アパートの家賃《やちん》も払えなくなったため、父親は自己破産し両親は離婚することになった。母親は「家族のために働くことに疲れた。お前たちを施設に入れるから」と言い残し、児童相談所の一時保護を経てきょうだいはそれぞれ別々の児童養護施設に入所することになり、一家離散となった。S君は、両親に代わってきょうだいを一生懸命世話してきたことが無意味になったと悲観的になり、将来の希望ももてず、うつ症状がひどくなり自殺を考えるようになった。

●逆境的な子ども時代の体験（ACE：Adverse Childhood Experience）

フェリッティらによる研究（1998）では、被虐待や家族の機能不全といった逆境的な子ども時代の体験が多いほど、アルコール依存症、薬物乱用、うつ病、自殺未遂のリスクが4～12倍増加し、複数の健康リスクを高めることが明らかになっています。心身の不調は休職、離職につながり、結果的に雇《やと》った側もデメリットになりますので、逆境的な子ども時代の体験者を増やさないことは雇用にもプラスに働くのです。

●子どもの権利

日本は国際条約である「子どもの権利条約」の批准国《ひじゅんこく》です。「差別の禁止」「子どもの最善の利益」「生命・生存及び発達に対する権利」「子どもの意見の尊重」の4つの原則があります。児童手当の支給も大切ですが、生まれた家庭によって生い立ちに大きな格差が生じないような子育て政策の再整備が急務です。

●機能不全家族への支援

虐待やDVであれば児童相談所などが介入できるものの、貧困、借金、依存症などの問題は、当事者が困っていて周囲もどうにかしてあげたいと思っていても解決できないことがあります。生活保護制度の活用だけでなく、借金が雪だるま式に増え続ける多重債務は弁護士を介して自己破産手続きをするなど、専門的なサポートが必要になってきます。

ヤングケアラー

大人がすべきことを子どもが担う現象

ヤングケアラーとは、大人が担う家事や家族の世話などを日常的におこなっている18歳未満の子どものことです。２０２２年に初めて実施された全国調査では、中学生・高校生で約５％前後、小学６年生では６・５％（15人に１人）みられ、特にきょうだいの世話が7割を占めていました。

ヤングケアラーは、本来安らげる場であるはずの家庭で親に代わってしっかりしなければならず、子どもらしくふるまえずしんどい想いをしていることが特徴です。負担が重くなりすぎると、友だちと遊ぶことができなかったり、睡眠が十分にとれなかったりします。無理を重ねると「学校を休みがち」「精神的に不安定」「保健室で過ごす」「遅刻・早退の多さ」といった異変がみられやすくなりますが、表面的には「よい子」であり、ヤングケアラー状態になっていることを学校が把《は》握《あく》できないこともあるので、本人が実情を語らな

いと「怠《なま》けている」と判断されてしまいます。

ヤングケアラーが増えている背景として、親自身が生活費を稼ぐことや生きていくことに精一杯で、子どもに頼らないと生活が回らない家庭が多くなっていることがいわれています。特に、育児と介護が同時にのしかかるケースや、長時間労働やダブルワークをしているひとり親だと、子どもがヤングケアラーになるリスクが高まります。

CASE

きょうだいの発熱で修学旅行に行けなかった小学生

小学6年生のTさんは、母子家庭で5人きょうだいの長女である。1歳に満たない末っ子の乳児が保育園から戻ると、おむつ替えや哺乳瓶《ほにゅうびん》での授乳《じゅにゅう》をてきぱきとこなしている。母親は朝から働きに出るので、下のきょうだいを起こし朝食を食べさせるだけでなく、日によっては末っ子を保育園に送ってから登校することもあった。楽しみにしていた修学旅行の日、末っ子が発熱し、保育園に預けられなくなってしまった。急なことだったので母親は代わりを探せず、仕事も休むことができなかったため、Tさんが修学旅行に参加しないで自宅に残ることになった。Tさんは一生懸命働いている母親の力になりたい一心で気丈にふるまい、学校の教師からの励ましにも「大丈夫です！」と笑顔で応じた。教師は家庭の問題に踏み込めず、切ない気持ちになった。

POINT

助けを求められない子どもをどうするか

●家の手伝いやきょうだいの世話はあたりまえ?

家庭での手伝いやきょうだいの世話をすることは悪いことではありませんし、ヤングケアラーかどうかの線引きが難しいケースもありそうです。ヤングケアラーとみなされるレベルとしては、小・中学生だときょうだいの世話や介護のために学校を休む、高校生だと家計を助けるためにアルバイトをして学業がおろそかになり学校を中退してしまう、などがあります。

●精神疾患の親の世話

精神障害や依存症の親の世話をする子どもも存在します。うつ病を患《わずら》っている親であれば、親に代わって家事を担うこともあるでしょうし、アルコール依存症の親であれば、酒を注《つ》がせたり持ってこさせたりするような**イネーブリング**（結果として依存度を強めてしまう行為）も起こりやすくなります。精神疾患の場合、精神科医療にしっかりつながっているかどうかが重要になりますが、医療に拒否的で治療が中断していると悪循環に陥《おちい》ることもあります。

●ヤングケアラーの子どもへの支援

ヤングケアラーへの支援は、家庭に踏み込むことが難しいケースも多く支援が進まないこともありますが、学校には**スクールソーシャルワーカー**が配置されているので、家庭訪問などで親子を支援し適切な専門機関につなげることができます。また、自治体の中には家事を手伝うヘルパーの派遣やＬＩＮＥ相談を取り入れるなど、徐々に取り組みが広がってきています。

ハラスメント

集団組織での理不尽なかかわり

ハラスメントとは、**人に対する「嫌がらせ」や「いじめ」の行為**を指します。三大ハラスメントといわれているのが、「パワーハラスメント」「セクシュアルハラスメント」「マタニティハラスメント」です。そのほかにも、「モラルハラスメント」「ジェンダーハラスメント」などがあります。

パワーハラスメントは、組織での上下関係や権力を用いた嫌がらせのことです。「部下だから何でも言うことを聞け」と迫ったり、高圧的な態度で残業するように仕向けたりする、などです。**セクシュアルハラスメント**は、性的な言動による嫌がらせを指します。カレシとの性生活を尋ねる、手を握る、肩に手を添える、など様々です。ほかには、妊娠や出産、子育てを理由とした**マタニティハラスメント**、精神的な苦痛を与える**モラルハラスメント**、男らしさや女らしさを強要する**ジェンダーハラスメント**などがあります。

2020年には**ハラスメント対策関連法**が施行され、日本の法律で初めてパワーハラスメントが規定されました。また、企業側に相談窓口の設置や再発防止対策が求められるようになりました。しかし、ハラスメントの正しい理解がまだ不十分で罰則《ばっそく》もなく、故意《こい》でなければパワーハラスメントは成立しないなど、課題は残っています。また、ハラスメントの被害を訴える人の心のケアのあり方や、二次障害としての**精神疾患**（↓36ページ）も課題です。

パワーハラスメント	組織での上下関係や権力を用いた嫌がらせ。 例：「言うことを聞かないと昇給なしだ」と脅《おど》す。
セクシュアルハラスメント	性的な言動による嫌がらせ。 例：交際相手との性生活を尋ねる。
マタニティハラスメント	妊娠や出産、子育てを理由とした嫌がらせ。 例：「産休されると迷惑」と伝える。
モラルハラスメント	精神的な苦痛を与える嫌がらせ。 例：相手の言い分を拒否し続ける。
ジェンダーハラスメント	男らしさや女らしさを強要するような嫌がらせ。 例：「女のくせに…」「男なら…」と言う。

CASE

派遣社員のセクハラ被害

派遣社員のUさんは上司の男性と2人で残業した後、駅まで一緒に帰ることになった。軽食しか食べていなかったので軽く飲もうと誘われ、迷ったものの「ちょっとだけ」と言われ断れず店に入った。酒の量が増えるにつれて上司は饒舌《じょうぜつ》になり、「カレシはいるの？」「あなたは私の好みの体型だ」などと言われ、ボディタッチが増えたため、「そろそろ帰ります」と伝えると激怒し、「派遣のくせに調子にのるな。クビにしてやる」と罵倒《ばとう》された。

POINT

ハラスメントをしない・受けないために

●組織全体のメンタルヘルスを低めるハラスメント

ハラスメント行為がまかり通っていた時代もありましたが、ハラスメントを許容する組織はコンプライアンスが疑われ、社会的に問題視されます。また、組織全体のメンタルヘルスを低め、休職や離職につながります。最近では、部下を指導する立場の管理職が、「仕事を覚えてもらうためには伝えなければならないけど、伝え方によってハラスメントと受け取られてしまわないか不安である」といった意識が強くなりすぎて、結果として適切な情報が伝わらず、職場のスキルダウンになってしまうこともあります。

●ハラスメント対策

対策としては、ハラスメント行為を繰り返す人には仕事以外で不用意に近寄らない、「それってハラスメントですよ」とNGであるメッセージを明確に伝える、深刻なハラスメントはハラスメント相談窓口に相談する、などがあります。非正規雇用の場合、ハラスメントの訴えをはばかる心理が働きやすいのですが、派遣元の会社に相談するなどして相談履歴を残すことが肝心です。ハラスメントを受けたら、日時、場所、内容をメモでもよいので必ず書き留めておきます。ICレコーダーの録音も有効です。万が一、弁護士が仲介した時にこのような記録は役立ちます。

●立場の違いを慮《おもんぱか》った言動を心がける

上司や先輩が言葉を強めるだけでも、相手にハラスメントと受け取られてしまうことがあります。そのため、ハラスメントを恐れて、部下や後輩に問題点をはっきり注意できないようなことも起こりがちです。部下や後輩の立場にある人は、「気がついたことがあればどんどんフィードバックしてもらえるとありがたいです」「自分は言われても大丈夫なのではっきり言ってください」と伝えておくと、もしかしたらはっきり言われすぎてへこむこともあるかもしれませんが、自らのスキルアップになり、上司や先輩との信頼関係も強まります。上司や先輩側は、部下や後輩から学ぶこともあるという姿勢で、相手に敬意を払いながら接すると、職場の雰囲気も変わってきます。

hint Ⅲ

ダブルバインド

矛盾したメッセージに苦しむ

ダブルバインドとは、二つの矛盾したメッセージを同時に受け取ることで、身動きがとれなくなったり混乱を生じさせたりするようなコミュニケーションの状況のことです。人類学者であるグレゴリー・ベイトソンが提唱した理論で、「**二重拘束《こうそく》**」と訳されることもあります。実は、日常生活で起こりやすい身近なコミュニケーションの一つなのです。

例えば、親が子どもに「欲しい物を何でも買ってあげる」と言い、子どもは「これ買って！」とあるおもちゃを選ぶと、「それはダメ」と拒否するような場面です。「何でも買ってあげる」と言われたのに、実際は自分の選んだおもちゃを拒否されたわけですので、混乱や不信感が募《つの》ってしまいます。

大人であってもダブルバインドの状況は起きます。上司から「指示されてから動くんじゃなくて、自発的に動きなさい」と言われたとします。この例では、指示がないと動け

郵便はがき

料金受取人払郵便

本郷局承認

6460

差出有効期間
2025年12月31日
まで

113-8790

東京都文京区湯島2-1-1

大修館書店 営業部 行

■ご住所

	都道府県		市区郡

■年齢

歳

■性別

男
女

■ご職業（数字に○を付けてください）

1　会社員　　2　公務員　　3　自営業

4　小学校教員　　5　中学校教員　　6　高校教員　　7　大学教員

8　その他の教員（　　　　　　　　　）

9　小学生・中学生　　10　高校生　　11　大学生　　12　大学院生

13　その他（　　　　　　　　　　　）

26981　心が軽くなる人づきあいのヒント

愛読者カード

＊ 本書をお買い上げいただきまして誠にありがとうございました。

(1) 本書をお求めになった動機は何ですか?

① 書店で見て（店名：　　　　　　　　　　　　　　　　　　　　　　）

② 新聞広告を見て（紙名：　　　　　　　　　　　　　　　　　　　　）

③ 雑誌広告を見て（誌名：　　　　　　　　　　　　　　　　　　　　）

④ 雑誌・新聞の記事を見て　　　　⑤ 知人にすすめられて

⑥ その他 (　　　　　　　　　　　　　　　　　　　　　　　　　　　)

(2) 本書をお読みになった感想をお書きください。

(3) 当社にご要望などがありましたらご自由にお書きください。

◎ ご記入いただいた感想等は、匿名で書籍のPR等に使用させていただくことがございます。

ない人間になるなといったメッセージと同時に、自発的に動くことを指示しているといった、二重のメッセージが含まれているのです。

CASE 上司からのダブルバインドメッセージ

入社して2年目の女性社員Vさんは、発注ミスをしたことで複数の取引先からクレームが来てしまい、上司から指導を受けることになった。その際に「ミスをするくらいだったら私に確認してから進めなさい。人を頼ることも能力の一つだよ」と諭《さと》されたことで、気持ちを切り替えて業務に戻ることができた。ある日、複雑な発注が重なったことで以前のようなミスをするのが怖くなってしまい、忙しそうにしていた上司に「ミスをしていないか確認してもらえますか?」と尋ねたところ、「このくらいの発注だったら自分でしっかり確認しなさい。何でも人に頼るんじゃないよ」と怒鳴られ、どうしてよいのかわからなくなり、思考が止まってしまった。

POINT

何を言われようともぶれない姿勢

●養育環境の影響

子どもの頃に親がにこやかな表情で怒鳴ったり、「自分で片づけなさい」と叱《しか》りながら親が片づけてしまったり、といったダブルバインドが繰り返されるような養育環境で育つと、子どもは無意識に親の顔色ばかりうかがうようになり、言われたことにどう反応すればよいかわからなくなってしまいます。ダブルバインド以外の要因もあるかもしれませんが、自分の感情を言葉で表現できなくなるような**場面緘黙**《かんもく》（特定の場所で話せなくなる疾患）を引き起こすこともあります。

●ダブルバインド状態になっていることに気づく

相手から受け取ったメッセージがダブルバインドになっていることに気づけずモヤモヤすることがありますし、逆に相手に投げかけたメッセージがダブルバインドになっていることもあります。ダブルバインドは、しばしばネガティブなメッセージの内容が多く、混乱したり不安になったり腹を立てたりしがちです。しかし、まずは相手からのメッセージに違和感を抱き、矛盾に気づいて冷静に出来事をふりかえることが肝心です。

●ダブルバインドの対処法は？

ダブルバインドは、相手にこうなって欲しいという願望と自分の欲望が同時にあふれ出てしまい、一貫性のないメッセージを投げかけてしまっているようなイメージです。フロイトの構造論で説明すると、無意識な欲求を満たそうとする**エス（イド）**と、道徳的な考えに基づく**超自我**が一度に働き、調整役である**自我**が機能しないような不安定な状態といえます。このようなダブルバインドの心的構造を理解し、相手の態度をセルフモニタリングしながら、相手に何を言われようとも自分の中でぶれない姿勢を見いだしていけると、ポジティブな気持ちになれます。

ライフイベント

人生の分岐点をどう乗り越えるか？

ライフイベントは、進級や進学、成人、就職、結婚といっためでたいイベントもあれば、身近な人の死や失恋による別れなど、ストレスフルになる出来事もあります。転勤・転職などの環境の変化によるストレスは、身近なテーマになります。通学や通勤に慣れるところから始まり、新たな人間関係を築かなければならないことで適応するまで緊張しやすく、覚えなければならないことだらけで神経を消耗《しょうもう》します。しかし、このようなライフイベントを乗り越えることで、逆境を乗り越える力（**レジリエンス** ↓140ページ）を高めていくのです。

ライフイベントの**ストレッサー**（↓18ページ）として、子どもや配偶者の死亡、交通事故、親の死亡、失業、離婚、借金の返済、配偶者の浮気、大きなケガや病気、家族の病気、の順にストレス得点が高いとされています。また、身近な人が死亡した場合、予測可能な死かどうかも大きく影響してきます。つまり、死を受け入れる心の準備があるかないかで**ト**

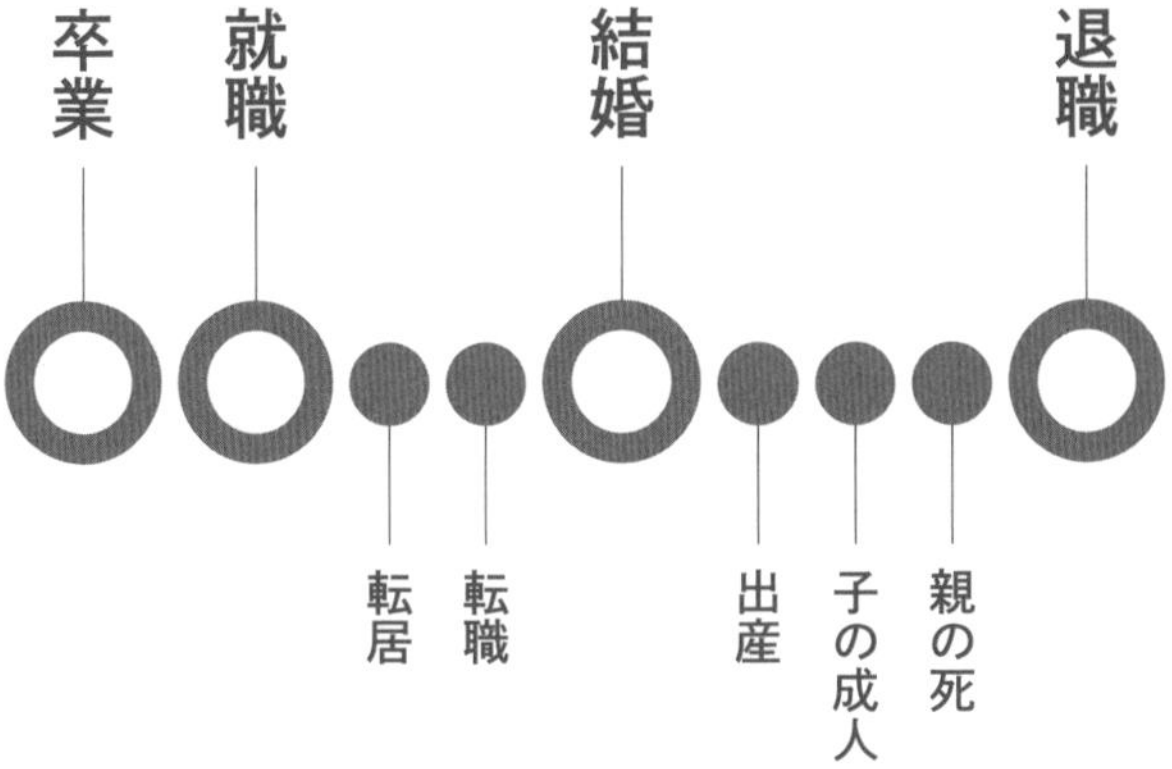

ラウマ（↓26ページ）の度合いが異なってくるのです。SIDS（乳幼児突然死症候群）や不慮の事故・災害、急性心臓疾患など、予測不可能な死は、悲嘆《ひたん》反応（↓97ページ）が長期慢性化するといわれ、**PTSD**（心的外傷後ストレス障害）の発症の可能性が高くなります。

CASE

定年退職後の人生に戸惑う

自宅には寝に帰るだけのような多忙な会社役員Wさんは、定年が近づくにつれてリタイア後の過ごし方を考えるのが楽しみになっていった。退職後はしばらくのんびりしようと思い、65歳で定年退職したあとは一日中何もせずにテレビばかり観ていたところ、妻が腹を立て、「あなたがいることで食事の準備が大変になったし、私が家でくつろげなくなった」と不満を口にされてしまった。そこで、図書館へ読書をしに行くことにしたが、しばらくすると飽きてしまった。あこがれていた登山に挑戦してみたが、仕事をしていた頃はデスクワークばかりだったので基礎体力がなく、想像以上にしんどいことがわかり落胆した。身近な友人もおらず悩みを抱え込み、第二の人生に戸惑うことになってしまった。

POINT

経験の少なさやストレスを想定しておく

●「通過儀礼」の機会の減少

以前に比べて通過儀礼が減少、簡略化しています。入学式、卒業式、成人式、入社式は一般的ですが、七五三や厄《やく》落とし、長寿のお祝いの儀式になると、人によって経験差が生じてきます。また、結婚式や葬儀も家族や親族だけでおこなうケースが増えてきています。

特に、家族葬で葬儀に参加できない側としては、お別れがしっかりできないため、死を受け入れられないままでいる人も少なくありません。

●幸せな出来事でも「喪失体験」？

進学や就職は、次のステージへの第一歩になるわけですが、その前にいた学校や組織のメンバーとの別れと同時に、新たな出会いや不慣れな環境に戸惑い、複雑な感情が入り混じります。結婚も同様で、パートナーとの楽しい新生活が始まると同時に、一人暮らしの気軽さや知人との飲み会・食事会の減少など、失うものもあります。幸せなライフイベントであっても、喪失体験やストレスがあることを想定しておくと、理想と現実のギャップに苦しまなくなります。

●身近な人の死と「グリーフケア」

身近な人の死に直面することで「**悲嘆反応**」が生じます。悲嘆反応は、死に対する悲しみなどの心理的な反応のことです。悲嘆反応が深刻化・慢性化すると、**PTSD**やうつ病などを併発することもあります。このような悲嘆から立ち直れるように寄り添い支えることを**グリーフケア**といいます。死を受け入れるまでのプロセスとして、否認、怒り、取り引き（嘘であってほしいと模索すること）、憂うつ、受容のステップを踏みます。受け入れがたい死であると、否認や怒りの段階から前に進まないこともあります。死の話題はタブー視されがちですが、死についての気持ちを語れることが重要になります。

hint III

育児の問題

追いつめられる子育て

育児で追いつめられてしまい、苦しんでいる親が存在します。例えば、産後に発生しやすい**産後うつ**や、ひとり親などで配偶者や周囲に頼ることができず孤独な子育てを強いられている「**孤育て**」、親からの分離不安による子どもの**登園・登校しぶり**に悩む、などです。共働き世帯では、育児の役割分担のあり方や預け先の保育所や学童保育に空きがないといった**待機児童問題**もあります。生活困窮《こんきゅう》世帯では、学用品を買えなかったり塾に行かせられなかったりといった「**子どもの貧困**」も社会的な課題で、格差社会が広がっています。子どもへの**虐待**（↓66ページ）や不適切な養育（マルトリートメント）などは、親によって子どもの人生が左右されてしまうため、「親ガチャ」という言葉も言われるようになりました。

2~3歳頃にみられる第一反抗期（いわゆる「イヤイヤ期」）では、子どもに自我が芽生えて主張が強くなり、親に反抗しながら成長していきます。小学生高学年から中学生に

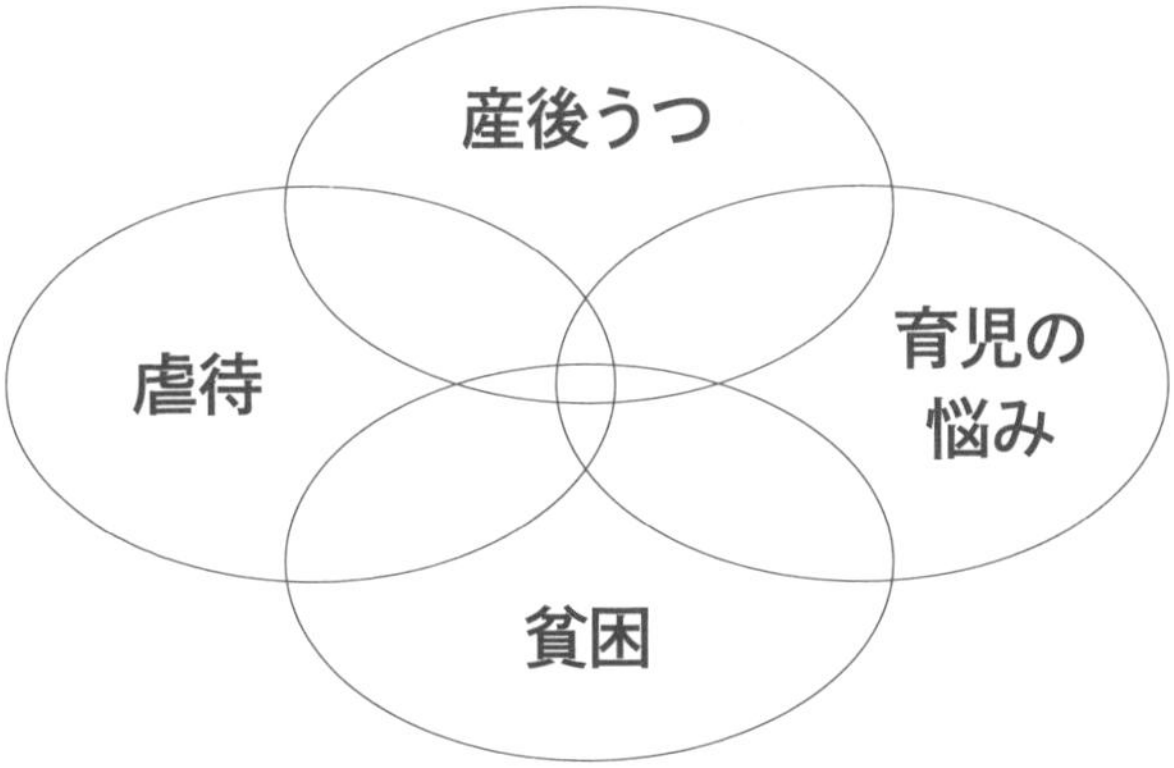

かけてみられる第二反抗期では、親に依存しなければならない状況と自立心との葛藤、身体的な成長と心の成長とのギャップから生じる戸惑いなどから、親への反抗心が高まります。なお、反抗期がないまま成年を迎える人がいたり、成人以降に反抗期がくる人もいたりします。

また、**不登校**も過去最多を更新し深刻化しています。不登校のきっかけはあったとしても原因がわかりにくく、本人でも登校できない理由を説明できないこともあり、親も戸惑うケースが多いのです。高校受験や大学・専門学校の受験をめぐり、本人と親の意識の差から親子それぞれが葛藤を抱き、親子関係に悩むこともあります。

CASE

子どもの夜泣きと夫の無理解でしんどい育児

Xさんは初めての出産を実家で終えて、夫の実家近くのアパートで仮住まいすることになった。しかし、見知らぬ土地で知り合いもなく、夫の両親にもうまく頼ることができないままでいた。夫は転勤になってから仕事に慣れることに精いっぱいで、早朝に家を出て夜遅く帰宅し、平日に会話する時間はほとんどなかった。子どもの夜泣きがひどく、隣の住人を気にして泣き止ませなくてはと焦《あせ》っていることを夫に相談すると、「子どもは泣くのが仕事だ。明日も朝早いから寝るわ」と話を聴いてもらえず、Xさんは夜泣きの影響で睡眠時間も削られていたため自然と涙がこぼれてきた。ある日、乳幼児健診で「子育て広場」という行政サービスがあることを知り、思いきって訪れると、先輩ママや同年代のママたちに話を聴いてもらえ、自分だけが悩んでいるわけではないということがわかった。その後、ママ友のアドバイスをもらいながら、徐々に夫の両親にも頼れるようになった。

POINT

様々な制度やサービスを頼ろう

●子育て政策の促進

幼稚園・保育所、小学校、中学校、高等学校、大学・専門学校…それぞれ進学すると支援が途切れてしまったり、引き継ぎが不十分になったりすることが課題になっています。

また、幼稚園や学校は文部科学省、保育所や児童相談所などの児童福祉施設は厚生労働省、少子化対策は内閣府といったように、管轄省庁が異なる縦割り行政の弊害《へいがい》も指摘されてきました。そこで、2023年に「**こども家庭庁**」が設立され、一元化による子育て政策の促進が期待されています。

●過干渉・過保護・過管理

子どもが成長するにつれて、親は子どもとの適切な距離感を保つことが難しくなってきます。中には子どもが自分で行動できるにもかかわらず、過干渉、過保護、過管理になってしまい、子どもの精神的自立を妨《さまた》げることもあります。子どもから離れようとしても親が子どもに依存的になってしまうようなケースもあり、共依存関係が持続することで、社会人になってからも親子の根深い課題を抱《かか》えることになります。

●子育て支援の機関・団体

地域の子育て広場では、居場所機能やイベントなどで親同士の交流や情報交換ができます。親の疾病《しっぺい》や疲労などの理由で養育が難しくなると、ショートステイ（短期での預かり）やトワイライトステイ（夜間）を利用することができます。育児の相談になると、子ども家庭支援センターや教育相談センター（名称は様々）などで応じてくれます。生活困窮世帯には「子ども食堂」のほか、宅配サービスを提供している自治体もあります。

hint III

認知症とBPSDを知ろう

介護の問題

２０２５年には、日本国民の５人に１人が75歳以上の後期高齢者となり、少子化とあわせて超高齢化社会を迎えることが大きな課題となっています。いわゆる「**老老介護**」は、65歳以上の高齢者がより高齢者である親を介護することです。核家族化や少子化の影響で、介護負担は限られた家族に頼ってしまう傾向もあります。

介護される高齢者特有の症状の一つに、**認知症**があります。認知症は、記憶障害を主とした「アルツハイマー型認知症」、特殊なたんぱく質がたまる「レビー小体型認知症」、脳《のう》梗塞《こうそく》や脳出血によって起こる「血管性認知症」、前頭葉や側頭葉の萎縮《いしゅく》がみられる「前頭側頭型認知症」の４種類となっています。

認知症は、中核症状と周辺症状の二つの症状が特徴になります。まず中核症状は、記憶障害、見当識障害（時間や季節・場所などがわからなくなる）、実行機能障害（計画的に

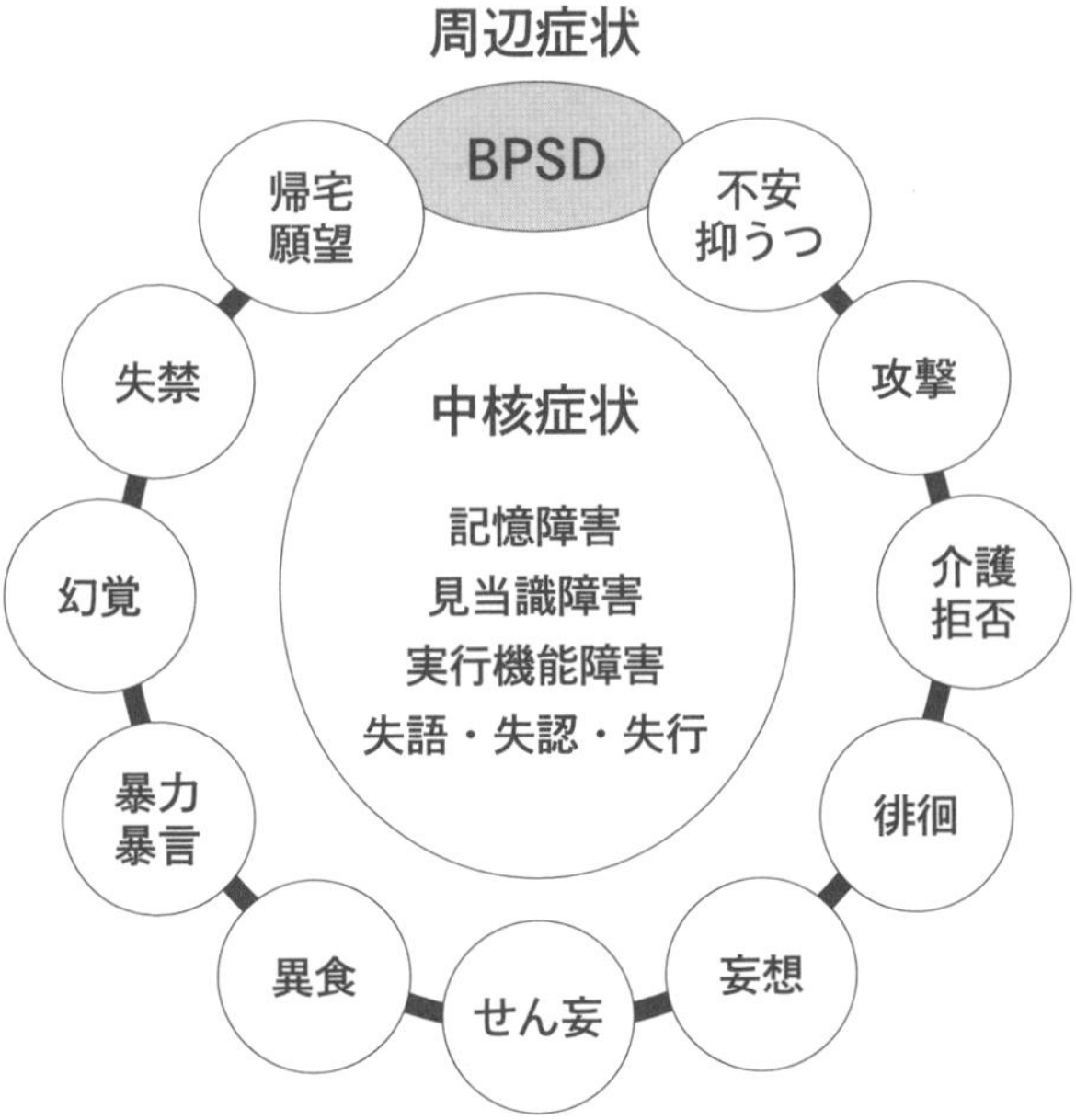

行動できない）、失語（言語機能の低下）、失認（認知機能の低下）、失行（動作機能の低下）があります。これらの中核症状の二次的な心理・行動上の症状を**周辺症状（BPSD）**と呼びます。

CASE

認知症の疑いがある高齢男性

地方に住む母親が70歳で病死し、父親（75歳）は家事がまったくできないため、2人兄弟の長男であるYさんは父親を都心に呼び寄せて同居することにした。父親の物忘れが激しくなっていることに気づいたが、高齢者によくあることだと考えていた。ある日、父親が散歩をしてくると言って出て行ったきり戻ってこなくなった。数時間後に警察に保護され無事に帰宅したが、別の日にも徘徊《はいかい》して行方不明になり、また警察のお世話になってしまった。Yさんはそうした父親の姿にショックを受け、父親に「認知症なんじゃないか？」と伝えると、父親は「私を病気扱いするとは許せない」と暴れ出し、怒りが収まらなかった。その後、近所の人から勧められた認知症サポーター養成講座を受講したところ、様々な介護サービスがあることを知り、地域包括支援センターを訪れることにした。

POINT

まずは相談窓口を頼ろう

●高齢者虐待

介護の問題が深刻化するにつれて、高齢者虐待《ぎゃくたい》も生じてきます。家庭における高齢者虐待と判断された件数は、この数年ほぼ横ばいで推移していますが、相談・通告件数では過去最多を更新し続けています。高齢者をケアする介護施設でも虐待行為に関する相談・通告や、虐待判断の件数はいずれも増加しています。虐待の背景には、介護ストレスのほか、認知症の症状に不適切な対応をとってしまう場合もあります。適切な介護サービスを受けることができずBPSDの症状が頻発《ひんぱつ》すると、介護者はどんどん疲弊《ひへい》していきます。

●「8050」問題

「8050問題」は、80歳代の親が50歳代の子どもの世話をみて負担がかかっている状況をいいます。子どもの「ひきこもり」（↓114ページ）が長期化し、気がついたら親が後期高齢者になってしまい、子どもの生活を支えられなくなってしまう現象が起きるわけです。精神疾患や学校中退・不登校などの挫折体験、ストレスによる離職なども影響し、親からの社会的自立ができないまま、子どもが高齢の親を頼らざるを得ない状況といえます。

●介護の悩みの相談窓口と「認知症サポーター」

介護の悩みや認知症の相談窓口として「地域包括支援センター」があります。要介護認定のサポートや、高齢者施設・介護サービスの紹介など、多くの業務を担っています。また、認知症に対する正しい知識を広める手段として、地域の認知症の人や家族の支えになるための「認知症サポーター養成講座」が全国各地でおこなわれています。受講すると修了証代わりにオレンジリングを受け取ることができます。受講者が増え、認知症の方やその家族に、あたたかい眼差しを向けられる人が増えることを願っています。

hint Ⅲ

意外と難しいコミュニケーションツール？

ＳＮＳ上のトラブル

ＳＮＳでの人間関係が求められる時代になり、トラブルになるケースも増えてきました。特に、コミュニケーションアプリでは、画面におさまるように短いメッセージで意図を伝えなければならないため、誤解を与えたり相手が理解できない表現になったりすることもあります。

特定の人を外したグループをつくってその人に対する誹謗中傷《ひぼうちゅうしょう》のメッセージを送り合うことや、画像や動画を本人の知らないところでネット上にアップして「いじる（いじられる）」といったような、**ネットいじめ**も起きやすくなっています。ＳＮＳで知り合った人から「自撮《じど》り」の写真を送るように言われ、その通りにすると、写真を拡散されたくなければ次は裸の写真を送れと脅《おど》されるような性被害も未成年で増えています。スマホの操作がわからなかったので、他人に教えてもらう時にＩＤ・パスワードを伝えたところ、登

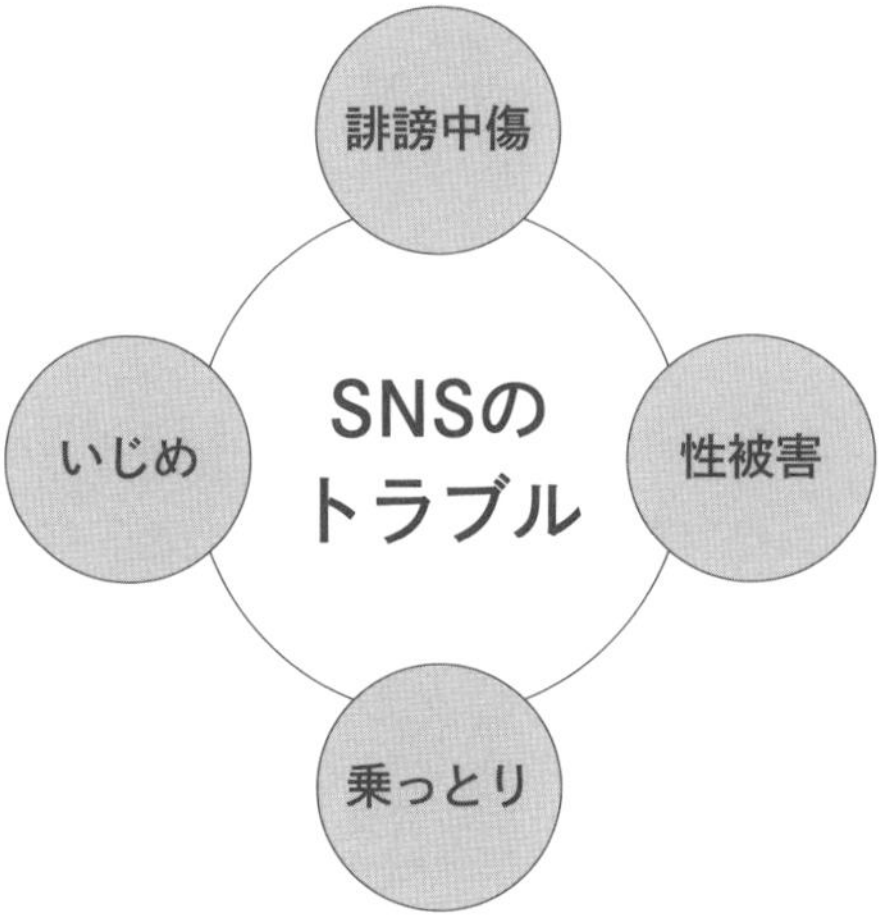

録したサービスに不正ログインをされてアカウントを乗っとられてしまうようなトラブルもあります。

ＳＮＳの着信に敏感になり、スマホが手放せなくなっている人は多いのではないでしょうか。ある研究では、ＳＮＳ依存になりやすいのは男性よりも女性のほうが統計的に有意に多いとされています。女性特有のグループを大切にする意識が影響しているのかもしれません。

CASE

SNSで知り合った人を通した投資詐欺

大学に入学したばかりのZさんは、友だちづくりのため男女問わず手あたり次第SNSの連絡先交換に励んでいた。ある男子学生とSNS上で徐々に親密になり、会うことにした。初対面の時はカラオケや食事など楽しいひと時を過ごした。その次は男子学生の「お世話になっている先輩」にも会うことになり、その際「短期間で必ず儲《もう》かる」と投資話を持ちかけられた。先輩の「あなたの夢をかなえたい」という言葉に動かされたZさんは、学生ローンに誘導されて投資のための資金を借りてしまった。しかし、ほかの友人に「投資詐欺《さぎ》じゃない？」と指摘され、慌てて男子学生に「契約を破棄したい」と伝えると、「契約は成立しているので取り消しできない」「これ以上騒ぐとネット上に氏名を公開すると先輩が言っている」と連絡があり、従わなければならないと絶望感でいっぱいになった。

POINT

限界設定を決めて心の健康度を保とう

●SNSを通した「承認欲求」「注目獲得行動」

SNSを活用する目的によりますが、「いいね！」やフォロワー数など相手から共感を得ることを心の拠《よ》りどころとしているのであれば、他人から認められたいという**「承認欲**

求」の心理が働いているといえます。わざと大げさに表現したり奇異な言葉を投稿したりする言動は「**注目獲得行動**」になります。周囲の気をひいて注目を集めることで、自分の存在意義を確認し、心理的な充足感を得ようとしているのかもしれません。

●「限界設定」でSNSから心身を守る

日常生活がSNSに支配されないためにも、またSNSへの依存度を強めないためにも、SNSにかける時間を自覚的に制限すると心の健康度が保てます。**限界設定**（↓136ページ）という考え方を用いてみてください。「ここまではOK」「ここからはNG」と自分の中で線引きをして対処する方法です。具体的には、短いメッセージだと誤解を招くような話題には「今度会った時に詳しく聴くね」と対話で応じるようにする、深夜に流れるメッセージに応じないよう22時にはスマホの電源を切るようにする、などです。

●ネットの被害に遭ったら？

ネット上の誹謗中傷などプライバシーの侵害に関するトラブルは、総務省の「違法・有害情報相談センター」や法務省の「人権相談」で対応してくれます。損害賠償を請求するとなると弁護士や法テラスになります。性被害・ストーカー被害の恐れがある、または実際被害に遭った場合は、警察に相談・通報します。業者からの不正請求などには、国民生活センターに連絡し、対処方法を確認してください。なお、ネット上の履歴はスクリーンショットなどで保存し、いざという時に根拠資料として提出できるようにしましょう。

希死念慮／自殺企図

［きしねんりょ／じさつきと］

希死念慮とは、生きることに疲れてしまい「消えてしまいたい」「いなくなりたい」「楽になりたい」といった思考のことです。死にたくなる感情の頻度が多いほど、自殺企図のリスクが高まります。**自殺企図**とは、自殺するために調べたり準備をしたりして実行に移すことをいいます。具体的には、死ぬために適した場所を下見に出向く、リストカットを繰り返す、首を吊《つ》るためのロープや練炭を購入する、などです。

希死念慮や自殺企図のきっかけとして、**喪失体験**があります。親密な人との別れ（死別・離別）は、相手との親密度や予測ができない別れかどうかでも異なります。様々なストレスが重なり、**心理的視野狭窄**（↓22ページ）に陥《おちい》ることで正常な判断ができず、死ぬこと以外の選択肢を見いだせないこともあります。そのほかに、慕《した》っていた有名人が亡くなった際の「後追い自殺」、貧困などによる無理心中、ネットで不特定多数に呼びかけて練炭など

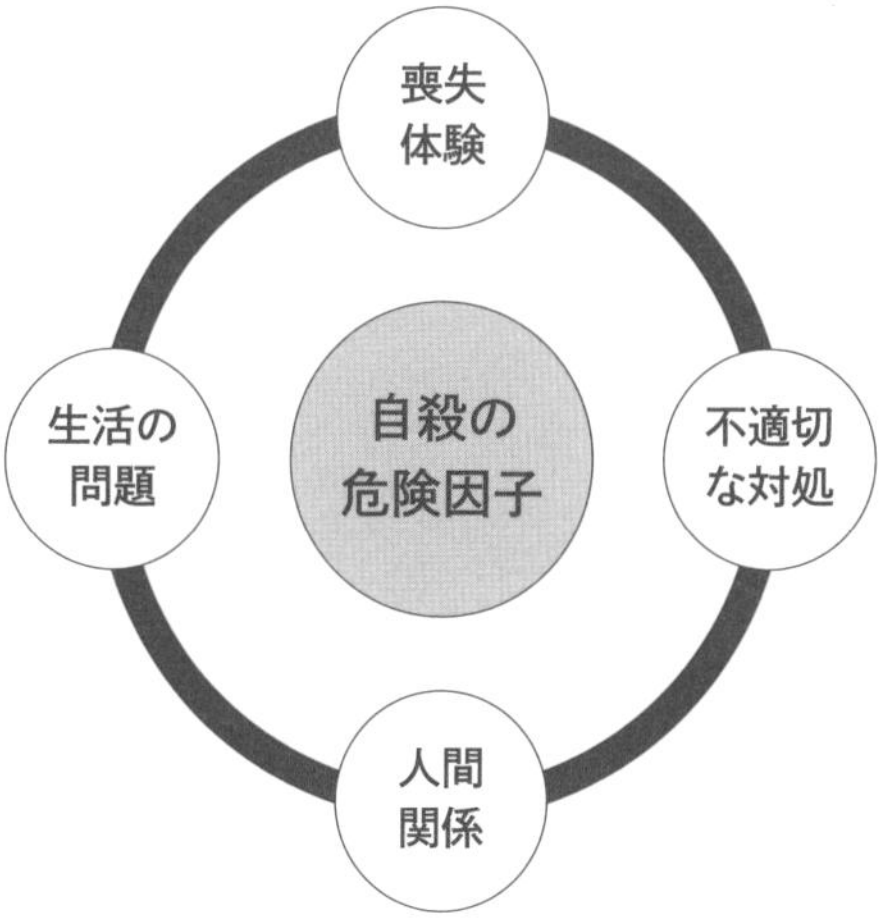

で自殺する「集団自殺」もあります。ネットでの誹《ひ》謗《ぼう》中傷《ちゅうしょう》や被虐待体験に苦しむことも自殺リスクを高めます。

その他の自殺の危険因子として、いじめや家族関係での苦痛な体験、失業・リストラ、多重債務、生活苦といった生活面の問題、精神疾患や身体疾患の病《びょう》苦《く》、望ましくない対処行動（例：薬物乱用）など多《た》岐《き》にわたります。

CASE

長年のプレッシャーで追いつめられる

予備校に通学する浪人生a君は、高校3年生で受けた模試で合格圏内だった大学が不合格になり、心の傷が癒《い》えないまま浪人生となった。高学歴の父親は、「難関大学以外は通っても無意味だから〝旧帝大〟のどこかに絶対合格しろ」とプレッシャーをかけてきた。a君の本音は、名門大学よりも学びたい学問を追求できる大学に行きたいという考えであり、父親にそのことを伝えたものの受け入れてもらえず、「〝旧帝大〟以外を選ぶのであれば、予備校の授業料も大学に入学したあとの学費も出さないから勝手にやれ」と言われ、母親も父親に同調したため家庭での孤立感が強まり、希死念慮が止まらなくなった。

POINT

説教や励ましでなく「傾聴」しよう

●子どもの自殺

日本の自殺者数は減少傾向ですが、子どもの自殺は過去最多を更新しています。学年が上がるにつれて増えていく傾向にあり、高校生の自殺者数は最も多く全体の7割ほどを占めています。高校は義務教育ではないため、中途退学すると支援が途切れてしまう課題もありますし、誰もが高校卒業後の進路の悩みを抱《かか》えます。大学受験をめぐって成績の伸び悩みや親との葛藤も起こりがちです。ちょっとした悩みを打ち明ける友人がいない、良い子を演じることに疲れてしまうといったことも自殺の原因になることがあります。

●過労による自殺

過労死は、働きすぎによる脳・心臓疾患（脳卒中や心筋梗塞、急性心不全など）だけでなく、仕事によるストレスが原因の適応障害やうつ病などによる自殺も含まれています。なお、過労死ラインとは、過労死の原因となった疾病の発症から①発症前の1か月の時間外労働が100時間を超えている、②発症前2か月間ないし6か月間にわたって1か月あたりの残業時間が80時間を超えている、のいずれかになります。また、労災認定基準では、心理的負担を伴う業務が労働時間以外の負荷要因に追加されました。

●ゲートキーパーとは

ゲートキーパーは「命の門番」ともいわれ、自殺のサインに気づいて声をかけたり支援につなげたりすることができる人を指します。希死念慮のある人や自殺企図をした人に「そんな発想はやめなさい」と説教することや、過度な励まし、根拠のない「大丈夫」「何とかなる」といった声かけは不適切です。まずは相手の訴えに耳を傾け（傾聴）、適切な機関につなげる支援が求められます。全国各地に開設されている「**いのちの電話**」やチャット相談を導入している「#いのちSOS」のほか、インターネットを活用した自殺予防の取り組みも注目されています。

hint Ⅲ

「8050問題」が注目されている ひきこもり

ひきこもりは、「就学や就労などの社会的参加を避けておおむね6か月以上にわたって家庭に留まり続けている状態」（厚生労働省）と定義されています。英語の「Social Withdrawal（社会的撤退）」からの訳語です。自室から出るが外出しない、もしくは近所のコンビニなどに出かけるレベルを狭義のひきこもり、用事の時だけ外出するレベルを広義のひきこもりとしています。以前は**不登校**によるひきこもりなど若者の問題とされてきましたが、ひきこもりの長期化によって中高年層のひきこもりが60万人を超えるとされています。また、ひきこもりの高齢者が、病気になっても周囲に気づかれないまま孤独死に至るケースも増加しています。

注目したいのは、介護を必要とする80歳代の親とひきこもりの50歳代の子どもによる「**8050問題**」です。バブル崩壊後の就職氷河期の世代が、定職につけないまま親から

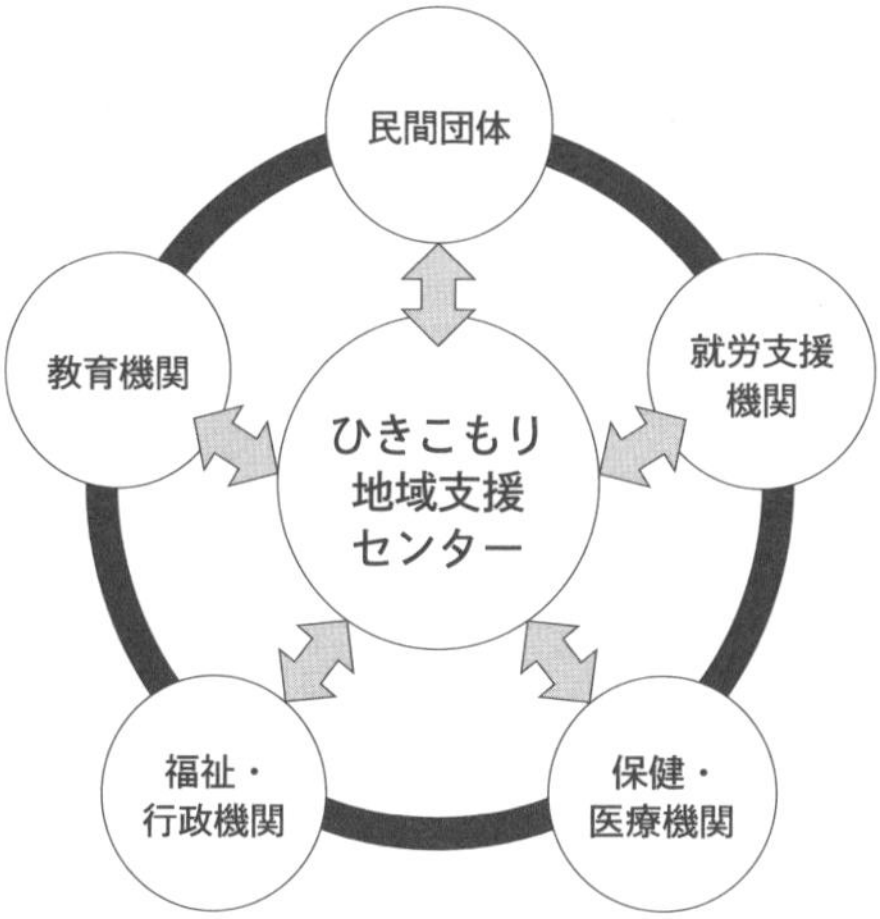

経済的な支援を受けてきたものの、年金暮らしになった親に頼るのにも限界があります。親が要介護状態になった時に福祉サービスを頼ることができず、親子で社会的に孤立するといった新たな問題にも発展しています。今後、日本はさらに高齢化していきますので、「９０６０問題」といわれる日は近いかもしれません。

ひきこもりに関連する事件も起きています。ひきこもり支援の民間機関が、家族からの要請でひきこもり状態にある者を矯正《きょうせい》施設に住まわせ、暴言・暴力、監禁などで死亡させる事件や、家族に費用を高額請求するといった金銭トラブルも起きています。当事者の自己決定権を無視した人権侵害が問題化しているため、公的機関でもひきこもり支援に特化した「ひきこもり地域支援センター」がすべての都道府県に設定されるようになりました。

CASE 離職を機にひきこもり生活になった中年男性

就職活動の時期が就職氷河期だったbさん（男性）は、正社員の雇用が見つからず、非正規雇用での仕事を辛抱《しんぼう》強く続けていた。実家から通勤していたので家賃や生活費に困らないのが救いだったが、交際相手との結婚をためらっているうちに30歳を過ぎた。景気が少し上向きになると、自分よりも若い社員が正規雇用で採用されるようになった。正社員と仕事量は変わらないのに自分は非正規雇用のままでいることに理不尽さを感じ、正社員とも関係がぎくしゃくしたため仕事を辞めてしまった。正社員での再就職を目指したが不採用が続き、すっかり自信をなくしてしまって就職活動に後ろ向きになり、いまさらバイトをする気持ちにもなれず、実家にひきこもる生活になった。気づくと40歳になり、父親は年金受給者になっていた。父親の限られた年金収入を頼りに生活しているが、病気がちな両親の医療費がかさみ、将来の不安を募《つの》らせるようになった。

POINT

長期化を避けるために

● ひきこもりと依存症

ひきこもりと依存症は関連してきます。**ゲーム障害**（→70ページ）がきっかけで昼夜逆転生活を引き起こし、退学や失職からひきこもりにつながるケースがあります。自分自身の課題への直面化を避けるためにアルコール依存になると、ひきこもり状態が長期化しやすくなります。

●ひきこもり支援団体の見極め

ひきこもり支援には、トラブルに発展するようないわゆる「引き出し屋」といわれる団体も存在するため、適切な支援団体であるかの見極めが必要です。社会福祉士や精神保健福祉士、公認心理師などの国家資格をもったスタッフがかかわっている団体かどうかは一つの判断材料になります。専門性の低い民間資格はたくさんありますので、単純に資格保持者＝専門家と思わないほうがよいでしょう。

●社会復帰への道筋

社会復帰を目指す場合、昼夜逆転の生活になっていることもあるため、生活のリズムを整えることも重要です。**睡眠障害**（↓60ページ）や**うつ病**（↓36ページ）などの症状があれば、精神科や心療内科の主治医と相談しながら社会復帰に向けたステップを検討していきます。自分一人で就職活動をするのではなく、**就労支援事業所**を利用することを視野に入れるのもよいです。ビジネスマナーやＰＣ操作、コミュニケーションのトレーニングなどでスキルを身につけて自信を取り戻していくことができ、就職したあとも就労定着支援を利用してフォローを受けることもできます。

カンノ先生の「I《アイ》」メッセージ的コラム ③

相手の懐《ふところ》に入ることが難しい場合もあります。いわゆる心的防衛の強い人です。

私が高校のスクールカウンセラーをしていた頃、ある女子生徒のカウンセリングを担当しました。教員に促《うなが》されてカウンセリングルームに来たということもあり、来室しても抑圧がひどく、一言も言葉を発しません。とにかく何かを共有できればいいなあと思い、

「好きなことはある？ 趣味とか？」

と投げかけると、ようやくか細い声で

「アニメ」

と答えてくれました。

私はアニメにはそんなに詳しくないのですが、

「なんていうアニメが好きなのか教えてくれる？」

と尋ねると、ある作品のタイトルを告げてきました。私は腹をくくって

「次に会う時までに観ておくね」

と伝え、また会うことにしました。

そのアニメを少し視聴したところ、「静」の世界を大切にしている芸術性の高いアニメだということがわかりました。そのことを生徒に伝えたところ、うれしかったのか徐々に心を開いてくれて、数回のカウンセリングを経てから、誰にも話せなかったトラウマ（心の傷）の体験を語り、思いきり涙を流したのです。

もしカウンセラーである私が、自分には関心のないアニメだから分かち合えないと思ってスルーしていたら、このような心の交流はもてなかったでしょう。

いわゆる「コミュ力」の高い人は、いろんな会話の引き出しをもっている人と思われがちですが、相手の懐に入り込むスキルをもっている人でもあるのです。

IV

人づきあいのスキルを高めて心を守ろう

hint IV

コミュ力UPの基本！

カウンセリングマインド

カウンセリングマインドという言葉は一般的に使われることもありますが、心理学やカウンセリングの勉強をしていない人には、「受容」や「共感」「傾聴」あたりの言葉なら何となくイメージがわくかもしれません。「受容」ですが、相手が話している途中で「でもそれって違くない？」と否定的な意見を述べてしまう人は、受容ができていないといえます。まずは、相手の話を最後まで「傾聴」して「そういう考えだったんだね」と受けとめる基本姿勢は、人づきあいに欠かせません。

日常会話で相手の考えに「共感できます」と言うことがあるかと思いますが、本当の意味で相手に共感することは難しいことです。「あなたは結婚していないから私の苦労はわからない」と言われた場合、では結婚している人だったら苦労をわかるのだろうか、という疑問が湧《わ》きます。実際、その人の結婚後の生活を他人は同じように経験しているわけではないので、一部分について共感できるようなことはあってもすべてを共感することは厳密には不可能です。そこで用いられるのが「**共感的態度**」といい、相手のことを理解しようとする態度をとることです。「私は結婚していませんが、あなたがどのようなことで苦労しているか理解したいので、ぜひ教えてもらえますか?」といった態度で臨むと、相手の頑《かたく》なな態度に変化がみられることもあります。ほかには、「繰り返し」「**質問**」(↓124ページ)「明確化」「自己開示」などがあります。

❶受容	否定しないでまずは受け止める。
❷共感的態度	価値観の違う相手を理解しようとする態度のこと。
❸傾聴	真摯《しんし》に耳を傾けること。
❹繰り返し	言い換え。わかってもらえたという感覚になる。
❺質問	閉じられた質問/開かれた質問。
❻明確化	潜在的な感情を言葉にして返す。
❼自己開示	プライベートな情報を伝えることで相手に安心感や好感をもたせる。

CASE

友人とカウンセラーの違い

家族の悩みを抱えていた女子高校生のcさんは、誰にも話せず一人で苦しんでいた。ある時、部活の友だちに「家に帰りたくないなあ。うちの両親ケンカばかりで…」と話すと、「うちもだよ。ほんとうざいよね」と軽く聞き流されてしまった。つらい気持ちからリストカットをするようになり、このままだとまずいと思い、高校に来ているスクールカウンセラーに話を聴いてもらうことにした。すると、共感的に話を聴いてくれて、「両親のケンカはいつ頃からか」「ケンカのきっかけは何だと思っているか？」などを尋ねられるうちに、誰にも話せなかった感情が解き放たれて、整理されていくのがわかった。

POINT

受けるなら有資格者のカウンセリングを

●カール・ロジャーズの「純粋性」

純粋性は、自分自身のありのままの感情を受容し、その感情と言動が一致していることです。わかりやすい例でいえば、「それはしんどかったですね」と言いながら、心の中では「自業自得だ」と考えていれば、共感的態度の言葉を伝えながらも表情が微妙に冷ややかになり、違和感が相手に伝わっていることもあります。相手の気持ちが理解できないのであれば、無理して受容し共感的態度をとらず、素直に「なぜそういった気持ちになったのかまだ私にはよくわからないのですが、もう少し詳しく教えてもらえますか？」と伝え、感情と言動が一致するように努めていくと信頼関係も深まっていきます。

●共感疲労を守る「枠（フレーム）」

カウンセリングマインドに優れている人がつらい思いをしている人から話を聴くと、「癒《いや》される」「元気が出る」と相手から肯定的なフィードバックをされ、もっと話を聴いて期待に応えたいという気持ちになり、長時間話を聴いてしまうことがあります。共感的に聴いてばかりだと、「**共感疲労**」が起こりやすくなり、話を聴く側が心理的に疲弊《ひへい》してしまいます。共感疲労にならないためには、「枠（フレーム）」が大切になります。最大90分だけと時間を限定して話を聴くのでもよいですし、場所は公共性の高いカフェなどで話を聴くと、相手が取り乱さず自制心をもって話すようになります。

●カウンセリングを受けるには？

ネット上では専門性が不十分な「自称カウンセラー」が、高額の料金でオンラインカウンセリングをしているのを目にします。専門のカウンセリングを受けたい人は、国家資格である「**公認心理師**」、もしくは専門性の高い民間資格である「**臨床心理士**」といった有資格者のいるカウンセリングを受けることをお勧めします。いずれの資格も、ほとんどが大学院で厳しいトレーニングを積んできた専門家になります。

hint Ⅳ

信頼関係を深めるためのQuestion

質問［しつもん］

カウンセリングの現場では、ひたすら相手の話を聴く（傾聴している）イメージをもたれがちですが、実は質問する場面も多くあります。会話を進めるうえで、自分が思っていることを一方的に伝えるだけでなく、相手に尋ねることを通して相互の理解が深まっていきます。

質問には、**「閉ざされた質問」**と**「開かれた質問」**があります。閉ざされた質問は、「はい」か「いいえ」で返答できる内容や、一言で返答できる内容になります。初対面の人との会話や慣れない人との会話に用いやすいのです。例えば、研修会でたまたま隣に居合わせた人に「今日は長丁場《ながちょうば》ですね」と声をかけたり、「今日は暑いですね（寒いですね）」といったような天候の話題は話しかけやすかったりします。

開かれた質問とは、返答の内容に制限を設けられることなく、自由に話せる質問になります。「なんでそうしたのですか?」といった相手の意図や考えを尋ねるような内容です。

例をあげると、「鬼怒川《きぬがわ》温泉に行ってきてリフレッシュしてきました」という会話では、「いいですね」と一言で終えてしまうのではなく、「なんで鬼怒川温泉にしたのですか?」と尋ね、「帰りに日光《にっこう》で観光を楽しもうと思って」と返答があれば、「日光懐かしいですね。修学旅行で行きましたが…」と話が広がっていきます。

CASE

相手の話を上手に引き出していた同期

入社式の後に歓迎会があり、dさん（男性）は初対面の同期数名と同じテーブルになった。一通りセレモニーが終わり、歓談の時間になると、同じテーブルだった人はビール瓶を持って周囲の同期に酒を注《つ》ぎながら、笑顔で積極的に話しかけていた。会話を聴いていると、「配属どこになりましたか？」「入社前って卒業旅行とか行きましたか？」「通勤ってどのくらいかかりそうですか？」など、質問をどんどん投げかけていた。また、「腕時計かっこいいですね。どこのブランドですか？」「そのネクタイ、色が素敵ですね」といったように、自然な雰囲気で相手のことをやんわり褒《ほ》めながら会話していることに気づいた。dさん自身はそのような立ち振る舞いを苦手に思っていたので、その人を見習って質問のスキルをみがきたいと新たな目標ができた。

POINT

相手に関心をもって接しつつ無理強いしない

●相手に関心をもつこと

相手に質問する以前に、他人に関心をもたなければなりません。世の中には、自分の話ばかりして、相手の話を聴こうとしない人もいます。そういった人は自分のことを話して満足するかもしれませんが、他人の話から刺激を受けたり様々な考えがあることを知ったりする経験がどうしても乏《とぼ》しくなってしまいます。人生観を豊かにするには、日常生活で会話できないような人と出会い、いろんな価値観に触れることが大切です。色んな人に関心をもち、質問を投げかけてみると視野が広がっていきます。

●「閉ざされた質問」と「開かれた質問」のミックス

会話に自信がない人は、意識的に「閉ざされた質問」と「開かれた質問」をミックスしながら会話を展開していけるとよいでしょう。初対面の人には、「今日は暑いですね」（閉）↓「暑いですね」↓「ここまで時間かかりましたか?」（閉）↓「1時間半くらいですね」↓「それは遠いですね。どちらからいらっしゃいましたか?」（閉）↓「○○（地名）です」↓「遠方からで大変ですね。○○ってあまりなじみがないんですがどんなところですか?」（開）…といったように、ときおり相手の話を引き出しながら展開させていきます。

●相手の表情にも着目し、無理強いしない

質問を効果的に用いることでお互いに負担なく会話が盛り上がればよいのですが、質問攻めになってしまうと閉口してしまう人もいます。「まあ…そうですね」と気乗りのしない返答であれば、無理して会話を進める必要はありません。他人と会話するエネルギーがない人もいますし、「ほかのことで精いっぱいで今はちょっとしんどい」ということもあります。相手の表情を読み取りながら、会話を無理強いしないような気遣いも必要です。

コーピング

ストレスへの対処力を身につける!

コーピングとは、適切な対処をして**ストレス**（↓14ページ）をコントロールする行動をいいます。「cope（うまく対処する）」を語源に派生した用語で、心理学者のリチャード・ラザルスが提唱しました。問題焦点型コーピング、情動焦点型コーピング、ストレス解消型コーピングの3タイプに分けられています。

問題焦点型コーピング　**ストレッサー**（↓18ページ）そのものに働きかけて解決を図ろうとするタイプです。具体的には、迷惑行為をしている人に直接注意する、今の業務がなじめないので配置転換を希望する、などです。ストレッサーを直接排除することは手っ取り早い方法ですが、自分の欲求を押し通そうとすることで新たなトラブルを引き起こすこともあります。

情動焦点型コーピング　ストレッサーに対する認知の仕方を変え、ストレッサーをスト

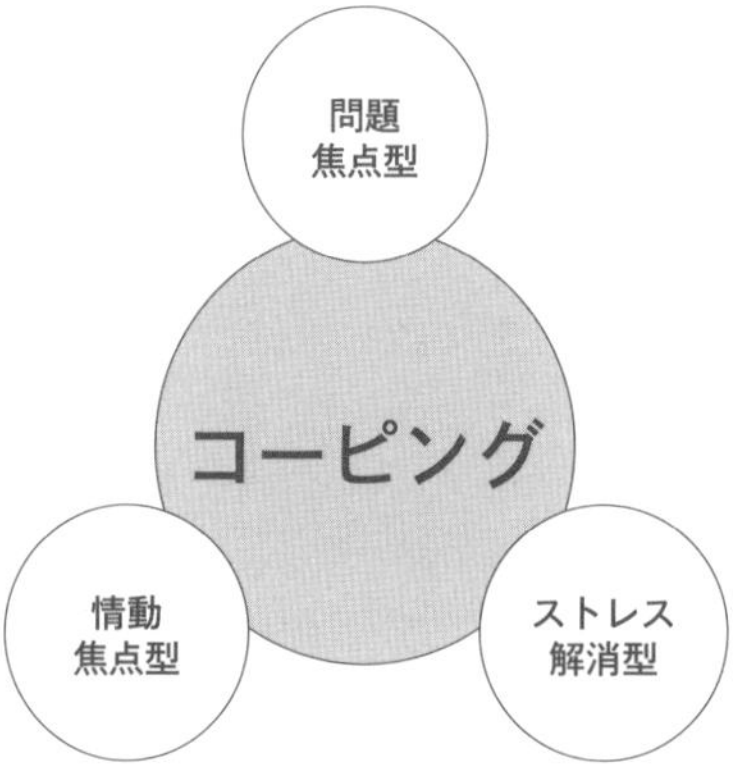

レスと認知しないようにするタイプです。具体的には、ストレッサーによって生じた不快な感情を他人に話して感情を整理する方法や、「失敗したけど失敗から成功のヒントをつかもう」と前向きに認知を変える方法（**リフレーミング** ↓132ページ）があります。

ストレス解消型コーピング　ストレスをそのまま受け入れてストレス解消を試《こころ》みるタイプです。例えば「嫌なことがあったから気晴らしに旅行に行こう」と気分転換を試みます。ただし、暴飲暴食や誹《ひ》謗《ぼう》中《ちゅう》傷《しょう》などといった不適切なストレス解消をしてしまうと、心身に悪影響を及ぼしたり、他人を傷つける行為に発展したりすることもあるので要注意です。

CASE

バイト先のストレスでコーピングの方法を変える

大学4年生になったばかりのeさんは、3年目になるバイト先で店長から仕事を任されることが増えるようになり、ほかのバイトよりも仕事量が多いことに不満をもつようになった。さらに、本来であれば店長がおこなうはずの新人バイト研修をeさんに押しつけ、忙しい時間帯以外、控室にこもっていることにもイラつくようになった。ある日、熱心に指導していた新人バイトが立て続けに辞めてしまったことでeさんに限界がきて、バイトを辞めることを考えるようになった。しかし、「本来社員が指導するような新人バイトの研修を自分が担当しているのは、将来にきっとプラスになるはずだ」と発想を変え（情動焦点型コーピング）、新人バイトを定着させるためのコツを店長から教わり、自分のスキルアップに努めるようになった。また、店長には貢献度をアピールし、時給アップの相談をして時給を上げてもらうことになった。

POINT

自分にあうコーピングを探す

●3つ以上のコーピングの準備

ストレッサーの内容や場所、状況に応じてコーピングは異なってきますので、試せそうなコーピングを3つ以上事前に準備することをお勧めします。なぜ3つ以上かというと、1つ試してうまくいかなければ、すぐにほかのコーピングを試せるからです。例をあげると、試験勉強がはかどらなかった時は、①外に出て深呼吸、②15分仮眠、③勉強の内容を変える、といったようにすぐにとりかかれるようにするのです。

●コーピングの「見える化」

コーピングしようとしても、自分にあったコーピングになかなか出会えないこともあります。まずは、自分で手軽にできそうなコーピングを箇条書きでよいので書き出して「見える化」してみると、自分にフィットしたコーピングが見つかるはずです。ストレッサーに応じて試すコーピングの優先順位をつけておくと、順番にすぐに試せます。

●コーピングの評価

実際コーピングを試してみてストレスの軽減になったのか、継続的にコーピングができるか、評価をしてみるとコーピングの質が高まります。例えば「散歩をする」というコーピングを試したとしても、散歩の時間帯や散歩コースで気分も違うわけです。通勤・通学時間帯や空気の悪い道路沿いを散歩すると逆にストレスが増えるかもしれません。適切なコーピングを探すことに時間がかかるかもしれませんが、自分にあったコーピングを見つけることがストレス軽減の近道になります。

hint IV

思考をポジティブチェンジ!

リフレーミング

リフレーミングとは、ある枠組み（フレーム）でしか考えられなかったことを別の枠組みで考えることを指します。具体的には、解釈を変えたり、別の角度で考えたり、視点を変えたりすることを通して、枠組みを付け替えるのです。すると**固定観念**から脱して、ポジティブ思考で物事を考えることができるようになります。では、新たな視点をもつにはどうすればよいでしょうか。

まず日頃から、ネガティブな出来事が起きた時にその出来事をポジティブに考える練習をすることです。「ついてない」「運が悪い」というイメージから脱してみましょう。例えば、「自転車が壊れて歩く羽目《はめ》になった」↓「歩くのも運動になるし気分転換になる」、「先生（上司）から叱《しか》られて憂鬱《ゆううつ》」↓「自分のためを思って叱ってくれているんだからありがたい」、「いつも買っているお気に入りの商品が売り切れた」↓「別の商品を試すきっ

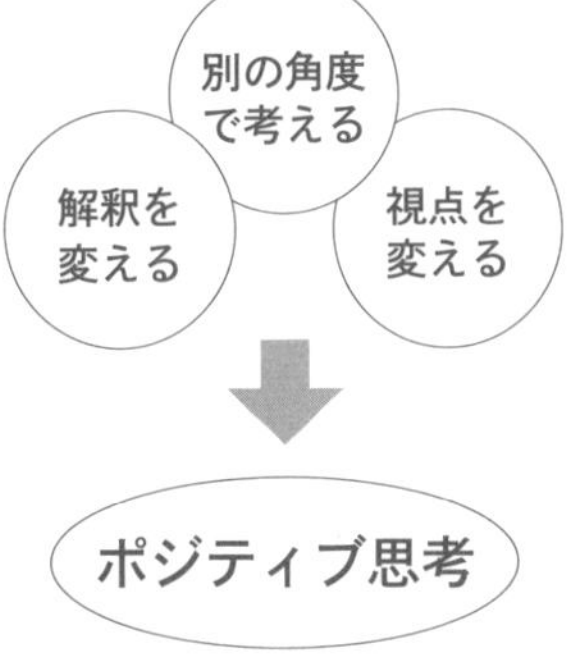

かけになった」、などです。嫌なことがあるたびに「**ポジティブチェンジ**」と心の中でつぶやいて、リフレーミングを心がけると気持ちを切り替えやすいでしょう。

固定観念から、なかなかフレームを変えられない人もいると思います。自分だけでは視点を変えにくいかもしれません。仲のいい友だちや家族から影響を受けていることが多いため、周りの人が新たな刺激にならないこともあるでしょう。そこで、色んな人の価値観や人生観に触れ、新たな視点をもてるようにしましょう。ふだん接する機会が少ない人に意見を求めるのもよいですし、これまで関心をもたなかったテーマの本を読んでみてもよいかもしれません。

CASE

コンプレックスを新たな視点で考えられるように

大学生のf君は、背が低いことに長年コンプレックスを抱《いだ》いていた。背の低さでいろんなことに損をしていると思い込み、カノジョができないことも背の低さが原因だと感じて自信をなくしていた。しかし、サークルの自己紹介で「自分の短所は背が低いこと」と話したあとに声をかけてきた先輩から、「俺は背が高いことが短所だと思っているんだ。好きな人から『威圧感があって怖いから背の高い人は苦手』って言われたことがあって。背が低いほうが警戒心をもたれなくていいけどね。なんだかないものねだりだね（笑）」と言われ、これまでもたなかった考えに驚き、その日から視点を変えて考えられるようになった。

POINT

失敗ばかりに目を向けない

●自己理解・他者理解に役立つ

リフレーミングを心がけていると、こんな小さなことに何で悩んでいたんだろうと思うこともありますし、自分の思考・行動パターンやどういったことにネガティブになりやすいかといったことがわかってきます。具体的には、うまくいかない出来事があると怒りの感情からイライラして家族に八つ当たりする、自分のペースが乱されるとネガティブな思考になりやすい、などです。また、身近な人はどのようなリフレーミングをしているのか尋ねてみると、他者理解にもつながりますし、リフレーミングのヒントになりそうです。

●時間的展望でとらえる

いくらリフレーミングをしようとしても、現状を打開できないこともあります。そのような場合、**時間的展望**でとらえていくことも必要です。過去をふりかえり、現在の現状を確認し、将来をポジティブに展望するわけです。「今はうまくいかないけど、将来は成功する」といった**ビジョン**を描《えが》けるようになると、ネガティブからポジティブなフレームになっていきます。ただ、現実味のないビジョンではなく、できるだけ実現可能なビジョンを設定してスモールステップで夢に近づくといったイメージがもてるとよさそうです。

●集団にもリフレーミングは使える

スポーツであれば、試合になかなか勝てず選手それぞれがネガティブ思考になっていることもありますし、会社組織でも、クレーム対応が重なり業務が悪循環に陥《おちい》っていることもあります。集団だとどうしても失敗ばかりが目について、個人や組織のよいところがクローズアップされず、活かされないといったことが起こりがちです。会議や研修でリフレーミングの考え方を取り入れると、集団の空気感が変化してよい方向に向かうきっかけになるかもしれません。

限界設定

［げんかいせってい］

自分も他人も守るための境界線

限界設定とは、ここまではＯＫ、ここからはＮＧといったように自分の中で限界を設定し、限界を超えないようにすることです。親切心でしてあげたことで自分が苦しくなってしまうこともありますので、自分の過度な負担にならないためにも「ここまではやるけど、これ以上はムリ」といったように線引きをするのです。

たとえば、ＳＮＳや電話が深夜に及ぶと、睡眠時間が確保できなくなります。そのため、「22時以降はＳＮＳをしない」と決めて、スマホの電源を切るようにします。周囲には事前に「22時以降は電源切っちゃうから反応できなかったらごめん」と伝えておけばよいわけです。ほかには、仕事のＯＮ、ＯＦＦのスイッチをはっきりさせるために、プライベートでは職場の人と会わないことにしてもよいでしょう。また、翌週月曜からのパフォーマンスをよくするために、日曜午後は予定を入れないと決めて、人と会わないようにして

しっかり心身を休ませる時間を確保してもよさそうです。

柔軟性がなく冷たい人と思われてしまうかもしれませんが、相手にあわせすぎると相手のペースに引きずり込まれてしまい、相手の欲求や依存度が高まってしまうこともあります。相手と適度な距離感をとるためにも、限界設定を意識してかかわるとラクになります。

CASE

週末の接待ゴルフとカノジョと過ごす時間のはざまで

gさん（男性）は上司にかわいがられ、仕事帰りに立ち寄る居酒屋で親身にアドバイスをしてもらったり、さらによくおごってもらったりしたので、いつか恩を返したいという想いで上司を慕《した》っていた。そのうち、週末の取引先との接待ゴルフにも誘われるようになり、仕事のコネクションができたことで昇格も期待されるようになった。しかし、次第に結婚を約束していたカノジョと過ごす時間が減っていき、「私とゴルフ、どっちが大事なの？」と問いつめられてしまった。「ゴルフっていっても接待だから…」と言いながらも「このままだとプライベートの時間が減ってまずいって思っている」と伝え、話し合うことになった。そこで、土曜はゴルフ、日曜はカノジョと過ごす時間にしたことで、接待に支障がない範囲でカノジョとの時間もしっかり楽しめるようになった。

POINT

一貫した態度で臨む

●限界設定は相手も守ることになる

友人から相談を受けた時、時間の制限がないまま相手の悩みを聴くことは、内省（相手が自分自身を見つめ直す行為）を深められず、かえって相手を混乱させたり不安にさせてしまったりすることもあります。そのため、「30分だけだったらいいよ」など限界を設定することで相手の依存度も下がり、過度な期待をされなくなります。限界設定は、自分を守ることにもなりますが、相手を守ることにもなるのです。

●恋愛の限界設定

恋愛になると、無意識に相手をふりまわしてしまったり、ふりまわされてしまったりしがちです。劇場型の恋愛を望むのであれば話は別ですが、互いに無理をしない関係を持続させたいのであれば、自分の時間や空間は守り、相手と過ごす時間は集中して楽しむ、といったメリハリがあるのが理想です。ただし、互いの限界設定を許容できるかどうかという問題もあるので、場合によっては妥協《だきょう》も必要になってくるかもしれません。

●あいまいにせず一貫した態度をとること

「今日はダメだけど明日は大丈夫かも」「(困りながら)…それならしばらくやるよ」といったあいまいなメッセージは、相手を困惑させることになります。時間帯や場所などを具体的に設定しなければ、限界設定になりません。また、日によってコロコロ変わるような限界設定は、相手を不安定にさせてしまいます。あいまいにしないで**一貫した態度で臨む**ことが、効果的な限界設定になるのです。

逆境を乗り越えて強くなる！

レジリエンス

レジリエンス（Resilience）は、困難さや逆境を乗り越えて回復する力のことです。対義語は「**脆弱性**《ぜいじゃくせい》」になります。もともとは物理学の用語で、外力（外から働く力）による歪《ゆが》みを跳ね返す力のことを指しますが、不利な状況下で平衡《へいこう》状態を維持できる力という意味で徐々に精神医学でも用いられるようになりました。

カレン・ライビッチは、レジリエンスを構成する6つの要素を示しています。

自己認識　自分の感情に気づくこと。

自制心　自分の感情や思考、行動をコントロールすること。

メンタルアジリティ（Mental Agility）　柔軟に対応し迅速《じんそく》に動くことができること。

楽観性　自分を成長させるための挑戦ととらえること。

自己効力感　きっとうまくいくと自分の可能性を認知すること。

つながり つながれる他者がいること。

レジリエンスを育むためには、まずは逆境的な体験に向き合い、困難なことにチャレンジすることです。日常的に失敗を恐れ、難しいことやめんどうなことに挑戦しようとしない人は、大きな困難さがふりかかってきた時に耐えられないのではないでしょうか。日ごろから小さな困難さや失敗を乗り越える体験の積み重ねが、レジリエンスを高めるのです。

CASE

困難さを乗り越えてプロジェクトを成功させる

あるプロジェクトが立ち上がり、hさんはリーダーを打診された。しかし、プロジェクトメンバーの多くは消極的な姿勢で、チームの作業の遅れや意《い》思《し》疎《そ》通《つう》のとれなさが想定されたため、打診を受けただけで不安な気持ちになった（自己認識）。だが、難しい状況を乗り越えることで自分を成長させたいと考え（楽観性）、自分の可能性を信じ（自己効力感）、リーダーを引き受けることにした。プロジェクトが始まると、メンバーの作業の遅さにイライラして怒りが沸き起こったものの、一度外に出て深呼吸すると冷静になることができた（自制心）。状況を聴き取ると担当者によっては極度に苦手な作業であることがわかったので、すぐに進めやすい作業に配置換えをした（メンタルアジリティ）。すると、周囲のメンバーからも自分がやりやすい作業方法を提案され、チームの結束力が徐々に高まっていった。その後も難しい対応を迫られたが、信頼する仲間に相談しながら進めたことで（つながり）、プロジェクトを成功に導くことができた。

POINT

ポジティブ思考で人とのつながりをもつ

●マイナス思考を自己認識する

逆境的な体験をすると、誰でもマイナスの思考になりやすくなります。ポジティブ心理学の第一人者であるイローナ・ボニウェルは、マイナス思考を「減点思考」「無力思考」「悲観思考」「自責思考」「他責思考」「無責思考」「すべき（すべきではない）思考」の7つに整理していますが、まずはどのような思考に陥《おちい》りやすいのか自己認識しなければなりません。そのうえで、例えば「失敗すると迷惑をかけてしまう」（自責思考）という思考を「失敗することで自分は強くなる」といった楽観性の思考に変えていくのです。

●代理的経験からレジリエンスを学ぶ

自己効力感を高めるには代理的経験、つまりお手本になる人から学ぶ経験が必要とされています。それは、必ずしも成功体験のみをお手本にするのではなく、うまくいかなかった出来事を経て、どのように逆境を乗り越えたのかを学ぶことも重要です。身近なお手本となる存在がいなければ、自分が関心をもった人の著書から学んではいかがでしょうか。そうすることで、逆境をどう乗り越えていくかをイメージすることができるのです。

●他者とつながるスキル

レジリエンスには、人とのつながりも重視されます。プライドが高かったり恥をかきたくないという意識が強かったりすると、誰かに相談しにくい人もいるでしょう。うまくいかなさを一人で抱え込むのではなく、他者から助言をもらうことや仲間からのサポート（**ピアサポート**）を得ることは、レジリエンスを高めるためのスキルの一つになります。

hint IV

アサーション

相手を傷つけずに主張する！

アサーションとは、相手を傷つけないように**適切に自己主張**することです。相手に何かを伝える時、一方的に自己主張すればよいわけでなく、相手の意見を尊重して受け止めながら自分の意見や考えを伝えると、互いが気持ちよく意見交換できるようになります。時には意見が真っ向から対立することもあるわけですが、そのような場合であっても相手に説明する余地を与えず一方的にまくしたてるように主張してしまうと、相手が委縮《いしゅく》してしまい周囲も不快な感情を募《つの》らせてしまいます。このようなアグレッシブな態度は、「自分の思い通りに事を進めたいわがままな人」とみなされ、煙たがられてしまいます。

　人間関係でトラブルになる原因の一つとして、**説明不足**があります。ＳＮＳが絡《から》むと相手の意図がわからないままで話が進むこともありますので、相手がわかるように説明するというのもアサーションの重要な要素になります。集団になると、意見のとりまとめをする側は難しい判断を迫られる時があります。多数決で物事を決めることになったとしても、マイノリティ（少数派）の意見をしっかり聴き取りながら話を進められる人は、アサーションに長《た》けているのかもしれません。

【アサーションがうまくいかない例】

上司から「早くやって」と言われる

↓

「わかってますよ（怒）」

我慢しないで自分の気持ちを伝えられているのはよいが、意思疎通ができなくなってしまい、その後もイライラが高まる。

↓

イライラ

【アサーションがうまくいった例】

上司から「早くやって」と言われる

↓

「わかりました。急ぎの仕事を終えてから30分後には取りかかれそうです！」

相手に理解してもらえるようなメッセージを投げかける。

↓

イライラなし

CASE

グループのとりまとめでアサーションを活用

大学でゼミに所属する男子学生・iさんは、イベント企画のミーティングでゼミ長としてメンバーの意見のとりまとめに苦労していた。ほかのメンバーに影響力のあるjさんは、準備のことをあまり考えず自分のアイデアを押し通そうとしていた。kさんは、jさんと相性があまりよくなく、不満を感じながら黙っている様子で、ミーティングの休憩時間に「準備の時間考えてないじゃん」と愚痴《ぐち》をこぼしてきた。kさんはミーティングが再開してから「jさんの意見ですが、準備の時間のこと考えてますか？」と端的に意見を述べた。jさんの表情が少しこわばったのを見て、iさんは「jさんのアイデアはおもしろいと思いますが、kさんの意見のように準備に時間がかかりそうなので、今の準備期間でできることだとどのあたりでしょうか？」と両者を立てながら話を進めていった。

POINT

相手のいいところを見つける

●子どもの「意見表明権」

日本が批准《ひじゅん》している国際条約「**子どもの権利条約**」はご存知ですか？　条文の一つに「**意見表明権**」があります。教育現場では、指導者のスタンスにもよりますが、子どもたちが自己主張できるような雰囲気で学べないことも多々あります。そもそも自己主張することに慣れないまま大人になった人にとって、いきなりアサーションで対話しましょうと言われても難しいかもしれません。まずは自分の気持ちや考えを表現できるようになることで、アサーションについて考えるきっかけにしてもらいたいと思います。

●相手の話を最後まで聴くスキル

会話の最中に、自分の話がさえぎられて相手に割って入ってこられた経験は、誰もがあるかと思います。人づきあいのスキルの高い人は、相手の目をしっかり見ながら相手の話を最後まで聴ける人です。自己主張をしたいがために相手の話を奪ってしまわないように、相手が話し終わるまで待つ姿勢を心がけると、相手との信頼関係も強まっていきます。

●相手のよいところをフィードバックしながら主張する

相手の意見を尊重しながら自分の意見を伝えるためには、具体的にどうすればよいでしょうか。相手のよいところに着目し、肯定的なフィードバックをしながら主張できると気持ちのよい対話ができるはずです。例:「〇〇さんの意見の△△のところは遊び心があってとてもよいと感じました。人員配置に問題がなければよいのですが、現実的なことを考えると人員不足もありますのでそのままおこなうのは難しいと思います。ただ、人員が確保できた時には試みてもよいアイデアだと感じました」。

カンノ先生の「I《アイ》」メッセージ的コラム 4

二十数年前に大学で心理学を学んでいた私ですが、今では心理学を学べる学科の多さに驚いています。当時はラット（マウスの種類）やハトを用いた実験心理学が主流で、臨床心理系の授業はなんと一科目しかありませんでした。しかも担当教員は非常勤講師の方でしたが、教室は席が埋まっていて立ち見が出るほどの盛況でした。S・フロイト、C・G・ユング、C・ロジャーズといった臨床心理学の基礎を学ぶ授業でしたが、それだけでも刺激的でした。同時に、子どものカウンセリングの仕事に就《つ》きたいという気持ちが徐々に芽生えてきたのです。

当時、臨床心理士という資格をもっていなければカウンセリングの専門職に就けなかったのですが、臨床心理士の資格を取得するための第一関門として、学部を卒業した後に臨床心理士を養成するための指定大学院に合格する必要がありました。

指定大学院の受験科目は、たいてい臨床心理学の専門科目と英語、小論文、面接でした。特に、英語の試験では心理系英語を理解し述べなければなりません。そこで、発達障害の子どもの支援グループのボランティア仲間だった他大学の友人と「Introduction to Psychology」という心理学テキストを翻訳する学習会をすることになりました。しかし、私は英語が大の苦手で、三か月後くらいに学習会をリタイアしてしまったのです。

友人は私がリタイアしてからも黙々と勉強し、国立大の大学院に合格しました。ちなみにその友人はぐんぐんと頭角を現し、今では国立大学で教員をしています。数年前に友人が所属する大学で学会があったので会いに行ったのですが、切磋琢磨した若い頃を一緒にしみじみ振り返りました。

私といえば、東京都心の指定大学院は狭き門で競争が激しいため、東京郊外のいくつかの大学院を受験したのですがどこにも合格できず、中途半端な気持ちで大学を卒業し、かろうじて採用してくれた不登校支援の仕事に就いたのです。

（↓155ページに続く）

付録

「こんな時どうしたらいい？」

困りごとから探すヒント

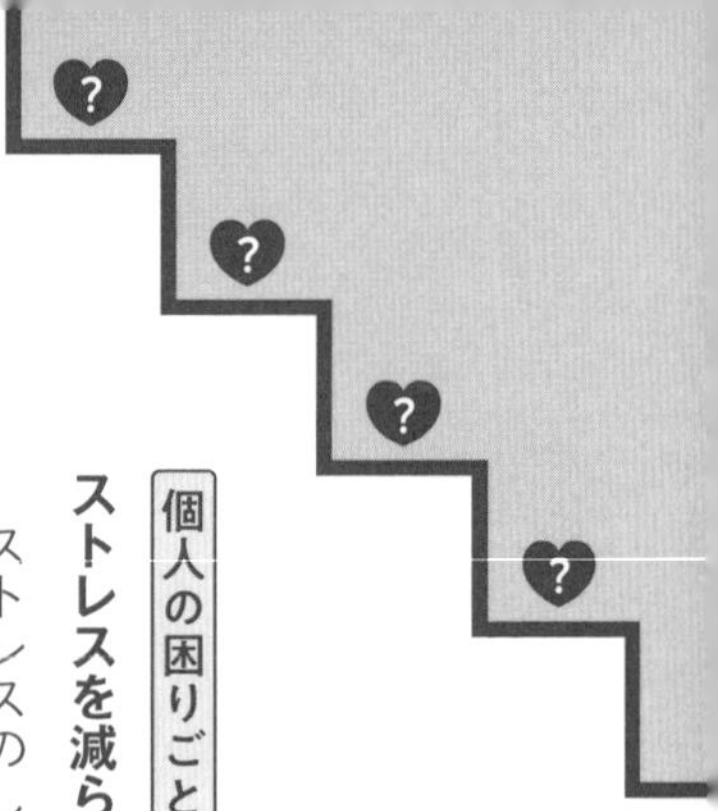

個人の困りごと

ストレスを減らしたい

ストレスのしくみを理解することから始めましょう。↓14ページ

ストレスの原因がよくわかりません

まずはストレッサーを自己分析してみるところから。↓18ページ

冷静でいられなくなると判断が鈍ります

「心理的視野狭窄」を自覚しましょう。↓22ページ

心の傷が癒えません

トラウマからの回復を試みては。↓28ページ

やる気がでません

「学習性無力感」に陥っていないか確認しましょう。↓30ページ

不安や恐怖にとらわれて周りに迷惑をかけています

強迫観念／強迫行為かどうか確認しましょう。↓48ページ

睡眠がうまくとれなくて日常生活に影響が出ています

睡眠の質に着目してみましょう。↓60ページ

コミュニケーション力を高めたい！

「カウンセリングマインド」を身につけてみるのも手です。↓120ページ

他人と話すとどうしても一方的になってしまうのですが

効果的に質問を投げかけてみては。↓124ページ

ストレスから身を守る方法がわかりません

「コーピング」を意識して。↓128ページ

ネガティブな思考ばかりで気がめいっています

「リフレーミング」を活用してみましょう。↓132ページ

失敗ばかりの人生で落ち込みます…

「レジリエンス」の発想で乗り越えましょう。↓140ページ

相手にきつい言い方をしてしまいます

「アサーション」を心がけてみては。↓144ページ

家庭の困りごと

母親は私が小さいころから関心をもってくれず仲が悪いです

アタッチメントの問題が背景にあるかも。↓56ページ

ベランダで子どもが一人で泣いていて心配です

児童虐待を疑い通告しましょう。↓66ページ

家族がゲーム依存で家から出られません

ゲーム以外の代替行動をみつけて支援機関につなげましょう。↓70ページ

夫から暴力を受けています

DVのサイクルを理解したうえで支援機関に相談しましょう。↓74ページ

子どもの頃の家庭でのつらい体験の積み重ねは、大人になったらどう影響しますか？

「ACE」研究について調べてみましょう。↓78ページ

親に代わって家事をしてきょうだいの面倒もみている友人が心配なのですが

まずはヤングケアラーの実態を知ってください。↓82ページ

結婚して幸せなはずなのになぜストレスを感じるのですか？

ライフイベントによって生じるストレスを想定します。↓94ページ

育児がつらいです

子育て支援を活用しましょう。周囲を頼ることも大切です。↓98ページ

親の介護が今から不安です

認知症の正しい知識をもっていざという時に備えましょう。↓102ページ

身近な人についての困りごと

論破しようとしてくる人とのつきあい方はどうしたらいいですか

「この人は防衛機制が働いている」と考えましょう。↓10ページ

精神科と心療内科の違いがわかりません

精神疾患の種類を理解して、適切な医療機関を受診してください。↓36ページ

障害を抱える人への配慮はどうすればいいですか

「合理的配慮」を通して具体的な解決策をみんなで考えられるといいですね。↓42ページ

知人の身勝手なふるまいに困惑しています

パーソナリティ障害で本人も困っているかもしれません。↓44ページ

ハラスメントを受けているけれどどうしてよいかわかりません

ハラスメント対策をしましょう。↓86ページ

言っていることとやっていることが違う人の理解に苦しみます

ダブルバインドのコミュニケーションになっているかも。↓90ページ

SNSで誹謗中傷を受けました

専門の相談窓口に相談してください。↓106ページ

友人から「死にたい」と打ち明けられました

傾聴を通して適切な機関につなげてあげましょう。↓110ページ

知人のひきこもりに家族が困っているのですが

ひきこもり支援の情報を伝えましょう。↓114ページ

相手に合わせてばかりで自分のことが後回しになりがちです

「限界設定」を取り入れましょう。↓136ページ

カンノ先生の「Ｉ《アイ》」メッセージ的コラム ⑤

私が就職した先は、不登校の中学生の居場所のようなところで、小学校もまともに通っていない子どものために基礎的な勉強を教えることもあれば、協調性を身につけるためのグループワークをおこなうこともありました。しかし、頭ごなしに指導しようとすると子どもたちの心は離れていってしまうので、少しでも意欲的に取り組めるように、彼らが好きなアイドルのダンスを一緒に踊って楽しむような時間を取り入れることにしました。

時には子どもたちの気を引くような私のプライベートなことを話して楽しませていたのですが、そのような光景を見ていたベテランの女性カウンセラーが、ある日私を呼び出して言いました。

「あなたは自分のことを話して自己開示するのはいいけど、子どもの気持ちを引き出している?」。自己開示は自分をさらけ出すことで信頼関係を築く足がかりになるのですが、そのカウンセラーは「あなたはＩ（アイ）メッセージばかりになっていないか?」と私を諭《さと》したのです。カウンセリングでは、相手の気持ちを引き出すために「あなたはどう思う?」といったＹｏｕ（ユー）メッセージを示さなければなりません。私のＩメッセージが強すぎたのは、子どもたちの注意を引くことで私自身の何かを満たそうとしていたのかもしれません。

これも一つのきっかけになり、やはり大学院に進学して専門の勉強をしなければならないと強く思うようになりました。三年かかりましたが、働きながら大学院受験をし続け、臨床心理士を養成する指定大学院に入学したのです。

対人関係では、Ｉメッセージばかりでコミュニケーションが成立しにくい人もいます。Ｙｏｕメッセージを投げかけるには、まずは他者に関心をもたなければなりません。相手の懐《ふところ》に入るためには、自分と相手との接点を探索することから始めます。

私が大学院で教わっていた社会心理学の教授は、授業の初回で一人ひとりに自己紹介させ、自分と学生の共通点を見いだそうとしていました。「君の姓は私の恩師と同じ姓だ。私の恩師は…」と長話になるのですが、少しでも自分に関心をもってもらえたことで心の距離が縮まるわけです。

カンノ先生の「I《アイ》」メッセージ的コラム 6

私がある組織でカウンセラーとして働き始めて一年目の時に、上司から事務作業を頼まれたのですが、私の不注意で封筒の宛名と文書の宛名を一致させないまま大量の郵便物を発送してしまったことがありました。つまり、封筒に書かれた宛名とは異なる宛名の文書を封じて送付してしまったのです。

ミスが発覚すると、職場の会議の直前に呼ばれて、同僚がいる前で立たされ延々と叱られました。私にも言い分はありました。作業をしていた時に上司は不在で、指示のメモには「封筒の宛名と文書の宛名を確認してから糊付《のりづ》けすること」というようなことは書かれていなかったのです。上司からすると、私が中に入れる宛名を確認するだろうと思っていたようでした。私は文書の中身はどれも一緒だと勝手に思い込み、文書の内容を見るのは悪いと判断して確認しなかったわけです。

上司は相当怒っていて私は平謝りでした。その出来事以降、少しでも疑問に感じたことは確認しながら進めるようになり、ミスを防ぐことにつながりました。

「ハラスメントでは？」と疑問に感じるようなことがあっても、「ハラスメントで訴える」と騒ぎ立てても自分は成長しません。まずは自分のミスを認めて改善策を探るほうが建設的です。

カンノ先生の「I《アイ》」メッセージ的コラム 7

大学入試で面接官をしているのですが、緊張しすぎてベストを尽くせない受験生を多く見てきました。志望動機は事前に用意してきた内容を話してくれることが多いのですが、文章を読み上げるように話すので、演技的に映ってしまい本音で話していないように聞こえます。準備していた内容を少し間違えただけでフリーズしてしまう人もいますし、想定していないことを尋ねられると急に言葉につまってしまう人もいます。面接ではできれば自然体で臨《のぞ》むほうがよいと考えていますが、そのためには柔軟性や応用力を身につけなければなりません。

私自身も、大学教員になるためにいくつかの大学の面接試験を受けてきましたが、失敗を重ねながら柔軟性や応用力を磨いてきたと思っています。仕事や研究で慌ただしくしている合間に試験を受けるので、初めの頃は面接の練習を本格的におこなうという発想をもてないままでいました。しかし、プレゼンのインパクトが不十分だなと感じたり、面接官に不利にとられるようなことを口走っていたりするうちに、「このままではだめだ」と思うようになりました。

本番では堂々と臨めていなかったので、おそらく多少は緊張していたのだと思います。そこで、知り合いの大学教員に頭を下げて面接の練習をしてもらうことにしました。また、採用面接に携わったことのある大学教員からも積極的に助言を求めることにしました。すると、様々な角度から助言をもらう中で自分の弱みがわかってきて、具体的に軌道修正できるようになりました。当時は三十歳後半で博士号も取得し、複数の大学の非常勤講師として教壇に立っていたこともあり、「この年になって大学生みたいに就職面接の練習なんかしたくないな」というのが本音でしたが、そのプライドが邪魔して何もしていなければ、スキルアップできなかったはずです。

失敗しないとわからないことってたくさんありますよね。「緊張しやすくて本番に弱い」といって何もしないのではなく、とにかく行動してみることと、失敗を恐れず、失敗しながら対処法を探してスキルアップしていく姿勢で、チャレンジすることをおススメします。

カンノ先生の「I《アイ》」メッセージ的コラム 8

みなさんは日ごろどのような出会いをしていますか？　対人関係で嫌な経験を積み重ねていたり疲れていたりすると、人と積極的にかかわろうとしなくなりがちです。しかし、人づきあいに消極的なままだとコミュニケーション力もなかなか高まりませんし、よい出会いを逃《のが》してしまうかもしれません。

私はできるだけいろんな人に挨拶《あいさつ》し、余力のある時は初対面の人にも話しかけるようにしています。もちろん話しかけてもそっけない態度をされることもありますが、めげずに色んな人とコミュニケーションをとろうとしていると、思いがけない出会いがあります。

最近、中学時代のことを振り返るようになり、当時のことを誰かと一緒に共有したいという気持ちに駆られていました。ある日、息子の野球の試合を観に行った時、同じチームの保護者だと思って観戦していた夫婦に得点状況について話しかけたところ、二人は相手チームの保護者でした。相手チームなのでコミュニケーションをとってもメリットはないと判断して話を切り上げることもできましたが、せっかくなので、相手チームの校区近くに子どもの頃住んでいたことを伝えると、話すうちに同じ中学校の先輩後輩の関係だったことが判明したのです。気になっていた教師や先輩の話題などで盛り上がり、わずかな時間でしたが懐かしいひと時を過ごすことができました。

分析心理学者であるC・G・ユングは、原因と結果のつながりを説明することが難しい出来事について、意味のある偶然の一致のことを「シンクロニシティ（Synchronicity）」と呼びました。共時性とも訳されます。非科学的だと批判されることもありますが、夢で見た光景が現実に起きたり、運命的な出会いで結婚したりすることはまさに偶然で奇跡的な出来事といえるでしょう。

ただし、様々な偶然が重なる人との出会いは、自ら行動しなければ生まれないのです。何も行動に移さず受け身になっていたら、おもしろいことは起きません。忙しさやゆとりのなさから行動に移すのを迷う場合もあると思いますが、私はシンプルに「迷ったら行動する」という信条で、様々な偶然を楽しむようにしています。

あとがき

本来であれば2022年9月に本書を完成させる計画だった。だが（言い訳になってしまうが）、新型コロナウイルス感染拡大の影響で大学内の対策本部会議のメンバーになり、混乱の中で様々な業務に追われてしまい、原稿執筆がまったく手につかなくなってしまった。一時期、ホテルにこもって集中的に執筆してみたが、大きな前進にならなかった。大修館書店の中村あゆみ氏には、何度も出版計画を見直す手間をおかけすることになったが、辛抱強く対応していただいたことでようやく完成に至った。

出版化の話をいただいてから4年ほど経ってしまったが、その間に仕事でもプライベートでも多くの人との出会いがあり、人づきあいでは嬉しいこともしんどいことも経験してきた。心理学者でかつカウンセラーであっても、人づきあいに苦慮するのである。それだけ、人の心は複雑怪奇なのだ。人づきあいは本来シンプルに語れないものではあるが、本書ではできるだけわかりやすいシンプルさを心がけたため、私にとって挑戦でもあった。

中村あゆみ氏、家族、授業のフィードバックをしてくれた受講生に感謝の意をお伝えし、結びの言葉としたい。

和光大学の研究室にて

著者　菅野　恵

［著者］

菅野　恵（かんの　けい）

1976年生まれ。和光大学現代人間学部心理教育学科教授。公認心理師，臨床心理士。帝京大学大学院文学研究科心理学専攻博士課程単位取得満期退学。東京都公立学校スクールカウンセラーを経て現職。著書に『公認心理師必携 スクールカウンセリングの「困った」を解決するヒント48』（共編著，大修館書店），『福祉心理学を学ぶ－児童虐待防止と心の支援』（単著，勁草書房）など。

カウンセラーがキーワードで解説《かいせつ》

心《こころ》が軽《かる》くなる人《ひと》づきあいのヒント

NDC146 ／ 159p ／ 19cm

初版第1刷――2024年3月20日

著　者――菅《かん》野《の》恵《けい》
発行者――鈴木一行
発行所――株式会社 大修館書店
〒113-8541　東京都文京区湯島2-1-1
電話 03-3868-2651（営業部）　03-3868-2299（編集部）
振替 00190-7-40504
［出版情報］https://www.taishukan.co.jp

装丁・デザイン――mg-okada
印刷所――精興社
製本所――難波製本

ISBN978-4-469-26981-9　Printed in Japan